SHODENSHA SHINSHO

気弱な人が
する
投資

出俊

祥伝社新書

はじめに

あまり知られていないことだが、スタンフォード大学ビジネススクール（経営大学院）の株式投資論の講座では、もう40年以上にわたって同じ教科書が使われている。フィリップ・フィッシャーが書いた本なのだが、日本で知る人は少ない。私が本書を書こうと思い立った理由の一つは、フィリップ・フィッシャーの考えをできるだけ多くの日本の方たちに知ってもらおうと考えたからだ（と言っても本書は教科書ではなく、気楽に読めるように書いたので、安心しておつきあいいただきたい）。

現在、世界一の投資家といえば、間違いなくアメリカのウォーレン・バフェットだろう。株式投資の世界で成功を収め、彼が持つ個人財産は今や5兆9000億円。(注1) 仮に2％の金利で運用できるとして、毎日（毎月ではない！）3億円を超える金利収入を得ることができる計算だ。

バフェットは、いったいどこで株式投資について学んだのだろう。こう思って調べていくと、ベンジャミン・グレアムというコロンビア大学の先生と、右に述べたフィリップ・フィッシャーに突き当たる。実際、彼は「自分は85%グレアムで、15%フィッシャーだ」と語っている。

バフェットは大学院を卒業後にグレアムのもとで働いていたこともあるので、グレアムを師と仰《あお》ぐのは当然としても、もう一人の師、フィッシャーとの接点はいったいどこにあるのだろうか。

実はその接点とは、本書でも紹介するフィッシャーの書いた本なのである（しかもフィッシャーは生涯たった3冊の本しか書いていない！）。

バフェットは、次のように述べている。

「フィッシャーの本を読んで、私はどうしても彼に会いたくなった。そこで彼の居場所を調べ、実際彼に会いに行った。そして彼の考えにひじょうに感銘を受けたんだ。

フィッシャーの考え方や手法を使えば、誰もが賢い投資をできるようになる」

若い頃は気弱で、周囲と打ち解けにくい性格で知られていたフィッシャーだが、株式投資の世界で大成功を収めた。

彼の考え方の一つに「スカトルバット（Scuttlebutt）を使え」というのがある。そう言われても、多くの人には何のことかわからないだろう。英和辞典を引くと「Scuttlebutt」は「噂《うわさ》」と出てくるが、フィッシャーによれば、実体のない噂やゴシップとは違って、何らかの真実味を持った「秘密の（とっておきの）情報」ということになる。そのことについては本書の第1章で説明しているので、詳しくはそちらを見ていただきたいが、たとえばこういうことだ。

今から10年以上前の話だが、パナソニックは、薄型テレビの画面はプラズマが主流になると考えた。そして巨大な設備投資を敢行した。しかし、もしもその時点であなたにディスプレイ技術の知識があって、近い将来に大型画面でも液晶が主流になるとの情報（これこそがまさに「スカトルバット」だ！）があったとしたら、どうだろう。「プラズマに企業生命をかけたパナソニックの株を買う」といった冒険はしなかったにちがいない。

また、こんな例もある。

数年前のことであるが、オリンパスは英国の事業会社買収に際してアドバイザーに600億円を上回る手数料を支払った。2011年10月14日、この取引を不審に思ったオリンパスのイギリス人社長は、逆に菊川《きくかわ》元社長ら旧経営陣によって解任されてしまった。

M&A（企業買収・合併）のアドバイザーを長年やってきた私は、NHKテレビ「ニュースウオッチ9」に出演して「オリンパスが行なったような買収金額が2000億円程度の案件で、手数料が600億円といった法外な金額になることは絶対にない」と断言した（2011年10月27日）。「スカトルバット」を披瀝《ひれき》したわけだ。

この段階ではNHKを除くマスコミは、未《いま》だそこまでの踏み込んだ報道は控《ひか》えていた。解任されたイギリス人社長と菊川元社長ら旧経営陣との対立、といった視点での報道が中心だったのだ（オリンパスの菊川元社長が金融商品取引法違反容疑で逮捕されたのは、それからずっと後、3カ月以上も経《た》った、翌年2月のことだ）。

しかし私がNHKで発言したりするのを聞いて、「オリンパス問題は単なる経営陣の内紛ではなく、もっと奥行きが深い」と、察知した人たちがいたようだ。

知人のA氏が電話してきた。

「岩崎さんの発言を聞いて、オリンパス株を空売りしました。その後、株価は7割近くも下げました。お陰で1000万円以上儲《もう》けさせてもらいました」

本書には、世間一般にある株式投資の本と違って、銘柄紹介は一切載《の》っていない。株価チャートや図表も皆無だ。その代わりに、フィリップ・フィッシャーら先人や、ウォーレン・バフェット、ピーター・リンチなど現代の投資家の「考え方」を紹介すると同時に、株式投資を行なう上で役立つと思われる事例をできるだけ多く取り上げた。

株式投資の話は、無味乾燥なお金だけの話ではない。背後には人間ドラマがある。経済学者ケインズが投資家としては苦労し、資産家でもあった小説家、永井荷風《ながいかふう》が財を失ってしまった話なども本書に織《お》り込んだが、これらを知ることによって、読者は自然と投資に対する「考え方」を身に付けていただけるのではないだろうか。そんな思いで筆を進めた。お楽しみいただければ幸いである。

２０１４年1月

岩崎日出俊《いわさきひでとし》

目次

第3章　気弱な人の「利食い」と「損切り」　

第4章　気弱な人が考える安全な投資法　163

第1章　気弱な人の情報の取り方

■バフェットはなぜ、投資の神様になりえたのか

「われわれがすべきことは単純だ。他人が強欲な時に臆病《おくびょう》になり、他人が臆病な時に強欲になりさえすればいい」

バフェットの言葉としては、かなり有名なものだろう。

稀代《きたい》の投資家、ウォーレン・バフェット。

彼は、必要な時には「気弱」になることの重要さを見事に見抜いていた。

「フォーブス」誌の世界長者番付でビル・ゲイツに次ぐ世界第2位の金持ちに認定された(注2)バフェットは、親友でもあるゲイツ氏の財団に300億ドル近い資産を寄付したことでも有名だ。

1930年に生まれた彼は、幼い頃から株式投資の商才を垣間《かいま》見せ、バリュー投資の祖であるベンジャミン・グレアムと、本書の「はじめに」でも紹介したフィリップ・フィッシャーの教えを踏まえながら、独自の投資哲学で大成功を収めてきた。

現在は投資家、慈善家、投資持株会社バークシャー・ハサウェイ社のCEO(最高経営責任者)という3つの顔を持ち、「オマハの賢人」の敬称が示すように、ウォー

ル街から遠く離れたネブラスカ州オマハで、大好きな飲物「チェリーコーク」とともに暮らしている。

「はじめに」で触れたフィッシャーのことを記す前に、まずはフィッシャーを師と仰《あお》いだバフェットのことをもう少し詳しく見てみよう。

バフェットが経営するバークシャー・ハサウェイ社は、買収した自動車保険会社「GEICO《ガイコ》」や全米最大の売場面積を持つ家具屋「ネブラスカ・ファニチャー・マート」などを子会社として所有し、「コカ・コーラ」「アメリカン・エキスプレス」「ウォルマート」などの株を大量に保有している。バフェットが買収した当時のバークシャー・ハサウェイ社は繊維業を営《いとな》んでいたが、彼は本業の立て直しを断念し、投資持株会社という形態に特化させた。

よく「バフェットが企業の株を買った」といった表現を目にすることがあるが、正確に言えばバークシャー・ハサウェイ社のCEOのバフェットが社の業務として企業や株を買っているのであって、バフェットの資産の大部分はバークシャー・ハサウェイ社の株である。

1984年。バフェットは、フィッシャーと同じく彼が師と仰いだベンジャミン・グレアム（コロンビア大学教授）の古典的名著『証券分析』の出版50周年を記念して、コロンビア大学ビジネススクール（経営大学院）で講演をしている。

当時（そしておそらくは今でも）投資家たちの間では、「株式市場は効率的であり、株価は世に知られていることをすべて反映していて、割安な株などというものは存在しない。株価指数に勝った投資家は単に運が良かっただけだ」という考え方が支配的だった。

これに対してバフェットは、実際にグレアムが50年前に『証券分析』で示した考えのように、割安株を発掘して株式投資を行なってきている投資家たち（バリュー投資家と呼ばれる）の成績について、数字を挙《あ》げて詳しく反証したのである。

その投資家の中にはグレアムから直接教えを乞《こ》うたウォルター・シュロス、トム・ナップ、そしてバフェット自身も含まれていた。

そしてバフェットが検証したところによれば、これらの投資家たちのいずれもが、株式が市場で割安に評価されていると思われる時に買いを入れるという方法で、市場平均をはるかに凌駕《りょうが》する運用成績を上げてきていたのである。

■レミングの集団移動に惑《まど》わされない

バフェットは、いつの時点で、どのような株式に投資してきているのだろうか。

１９６６年の「ディズニー」、１９７３年の「ワシントン・ポスト」、１９８８年の「コカ・コーラ」、１９９０年の「ウェルズ・ファーゴ」、そしてリーマンショック（２００８年9月15日）直後の「ＧＥ（ゼネラル・エレクトリック）」や「ゴールドマン・サックス」への投資などが有名だ。

ウォーレン・バフェット

バフェットは多くの場合、弱気相場の間に大胆な投資を行なってきていることがわかる。たとえば１９７３年に行なわれた「ワシントン・ポスト」への投資。この年の1月から翌年10月にかけて、アメリカの株式市場（S&P500指数(注3)）は、48%も下落した。中東戦争と第一次石油危機の影響を受けたためである。

誰もが悲観に転じ、市場全体が暗雲に覆《おお》われる中で、バフェットは当時1000万ドルを投じて、ワシントン・ポスト社の株式を果敢に購入した。けれども1973年に行なわれたこの投資は、その後1年半も続いた下落相場の影響を受けて、さらに25%も値を落としてしまった。そういった意味では必ずしもベストなタイミングでの「買い」ではなかったのだが、弱気が支配していた相場の中で行なわれた「買い」であったことには相違ない。

当時バフェットは「ワシントン・ポスト株が持つ本来の価値（intrinsic value）は（バフェットが）購入した株価の4倍である」と計算していた。株価はいずれ本来の価値に収斂《しゅうれん》するはずだ——彼はそう信じて株価が下落する1年半の間もワシントン・ポスト株をずっと持ち続けた。そして1000万ドルを投じて購入したワシントン・ポスト株は37年後の2010年には、なんと10億ドル！　つまり100倍以上の価値を持つようになったのである。

株式投資の世界では、レミングの集団移動ということがよく言われる。レミングといっても日本では馴染《なじ》みがないかもしれない。カナダ北部や北欧などに生息するネズミ目の小動物（体長７〜15㎝）で、古くから集団自殺すると言い伝えられてきた（もっともこれはウソであることが、その後の研究で明らかになっている）。

バフェットは「株式市場において機関投資家は往々《おうおう》にしてレミングの集団移動のような行動を取ることがあり、それが時に株価の大きな変動をもたらす」と、語っている。株式市場の参加者の中には、レミングの集団移動のように、他者の動きだけを見て、よく考えずに我先《われさき》にと皆と同じ方向に動く人たちがいるものだ。われわれは、こうした動きに翻弄《ほんろう》されてはいけないのだ。こう戒《いまし》めた上で、バフェットはこうも語っている。

「集団としては、レミングはダメな印象を与える。しかし一匹一匹のレミングはこれまで悪い評価を受けたことがない」

■フロントガラスよりもバックミラー

流行《はや》り廃《すた》りに翻弄される愚《ぐ》を注意深く避《さ》けてきたのも、「賢人」たるバフェットの知恵だった。

変える必要のない製品を持っている会社は、気まぐれに移り変わる時代の嗜好《しこう》に関係なく収益を上げ続けることができる。

「コカ・コーラ」は100年以上の間、まったく同じカラメル色の不思議な砂糖水を販売し続け、「リグリー」はやはり100年以上にわたって同じチューインガムを作り続けている（もっともどちらも時代や嗜好の微妙な変化に合わせて、味やパッケージなどを少しずつ変えてきている）。

「私は、10年から15年先の姿が予測可能に思えるビジネスを探し求めている。たとえばリグリーのチューインガム。インターネットがいかに進歩しようと、人々のガムの嚙《か》み方が変わるとは考えにくい」と、わかりやすく説明しているのは、バフェットが自分の手法に確信を持っていたからだろう。

「ビジネスの世界で透明度が高いのは、フロントガラスよりもバックミラーのほうである」という彼の言葉も、同じようなことを言っているのだと思われる。フロントガラスとはどうなるかわからない未来のこと、バックミラーとは今まで積み上げてきたたしかな実績のことだ。

これから先、人々は今まで毎朝してきたような髭剃《ひげそ》りをしなくなるだろうか、コーラを飲まなくなるだろうか、ディズニーランドに行かなくなるだろうか、自動車保険をかけなくなるだろうか——そう考えた時、どれもその可能性はきわめて低いとバフェットは確信したのである。バフェットが常にハイテク株と距離を置いてきたのは、ハイテク業界の将来像を彼が上手に思い描けなかったからだと言われている。

道路の前方が見通せない時は、自分がどこに向かっているかを判断するのは容易ではない。ビジネスの世界では、未来については、その激変する環境ゆえに過度な期待もされるし、反対に悲観論に支配されることもある。バフェットは、曇ったフロントガラスから見える商品には興味を示さなかった、ということだろうか。

バフェットが一番得意としていたのは、保険の分野である。保険会社がどうやって収益を上げていくかについての分析がひじょうに優《すぐ》れていて、まずは保険会社の株式投資で大いなる収益を上げた。それがベースになって、アメリカ経済が伸びるのと軌《き》を一《いつ》にして一緒に伸びていく銘柄を買い上げていって、それがほぼすべて当たったのだ。S&P500指数に対してバフェットの株式投資のリターンは圧倒的に高く、「バフェット伝説」が流布《るふ》されるまでそんなに長い時間はかからなかった。

■100万円が80億円になった投資

バフェットの投資家としての出発点は、彼が11歳の時にまで遡《さかのぼ》る。バフェットはこの時シティーズ・サービス社という石油会社の株を1株38ドルで、姉と自分自身のために3株ずつ買った。シティーズ・サービス社は今ではシットゴー（CITGO）社と呼ばれ、全米6000カ所にガソリンスタンド網を展開している。オレンジ色の三角形の「CITGOマーク」のガソリンスタンドを、アメリカ旅行中などに目にした日本の方も多いはずだ。

バフェットが38ドルで買ったシティーズ・サービス社株は、いったん27ドルまで値を下げたが、その後反転し、40ドルを付けた。そこで彼はすべて売り切り、利益を得た。しかしこの株はすぐその後に200ドルを付けて、バフェット少年は最初の悔《くや》しい思いをした。

19歳で大学を卒業し、当時ベンジャミン・グレアムが教えていたコロンビア大学のビジネススクールに入学。卒業後、グレアムのもとで働いていた時期もあったが、26歳の時に独立して、故郷のネブラスカ州オマハに株式投資を目的とするファンドを設立した。ファンドをスタートさせた資金は、家族や友人などから集めた約10万ドルだった。

アメリカの金融ジャーナリスト、ローウェンスタインは「この時仮に100万円出資したとしたら、1995年には80億円になっていた」と計算している。(注4)

バフェットは、本書の「はじめに」で紹介したフィリップ・フィッシャーを師と仰いでいただけあって、フィッシャーの弟子でスタンフォード大学で株式投資論を教えていたジャック・マクドナルド教授とも知り合い、すぐに親友となった。1976年のことである。以来、バフェットはマクドナルド教授の授業(注5)にゲスト・スピーカーとして頻繁に現われるようになる。

マクドナルド教授は述懐する。

「バフェットが最初に私の教室にやってきた時、彼の投資会社、バークシャー・ハサウェイ社の株は、1株60ドルだった。その前の年の年末に41ドルだったこともあって、当時、学生たちは、こう言っていた。バークシャーの株は高くなりすぎてしまった。今となっては投資するには遅すぎるってね」

ところで、私がスタンフォード大学に留学してマクドナルド教授の授業を取ったのは1979年9月。ビジネススクール2年生の最初の授業（秋学期）だった。

バフェットが最初にマクドナルド教授の教室にやってきてから3年が経っていたが、3年前に60ドルだった株価は私の時には、なんと約5倍の280ドルになっていた。そしてこの時も（私を含めて）学生たちは、高くなってしまったバークシャー・ハサウェイ社の株を実際に買うかどうかで議論していた。そして実際に買った学生も何人かいた。今も昔もバークシャーの株は1株から買えたのである。

歴史にイフ（IF）はないという。投資の世界でも、「もしもあの時、買っていればば」などと言い出したらきりがない。にもかかわらず、私の脳裏《のうり》を時折かすめることがある。

１９７９年９月当時。私は25歳の大学院生だった。といっても、日本興業銀行から企業派遣で留学していたので、ちょっと無理すれば、１株２８０ドルのバークシャーの株を８株くらいは買うことができた。この時の為替レートは１ドル２２０円。50万円を投じて８株の株を買ってもお釣りがきた。２０１３年12月末現在、バークシャーの株は17万７９００ドル。当時８株買っていれば現在は１４２万３２００ドル。１ドル１００円で計算して、当初の50万円は１億４０００万円を超えていることになる。

■カリブの海賊の５倍の価値

バフェットの投資判断がすべて正解だったわけではない。

失敗は失敗として率直に認めて、それをきちんと公言するというのもバフェット流だ。だからこそ多くのファンを獲得している、ということなのかもしれない。

１９６６年、彼は先ほど挙げたディズニー株への投資を開始する。

30年後の１９９６年３月に送ったバークシャー株主への手紙の中で、バフェットは次のように書いている（一部意訳した）。

「1966年に私はディズニーの株を1株31セント（分割調整後ベース）(注6)で購入した。当時ディズニーの時価総額（＝株価×株数で、企業価値を示す）は、9000万ドルと評価されていた。

しかしディズニーはこの時年間で2100万ドルの税引前利益を上げていた。そればかりか、1700万ドルもかけて作られていた『カリブの海賊』のアトラクションがオープンしようとしていた。

つまり、こういうことだ。

当時の株式市場はディズニー全体の価値を『カリブの海賊』の5倍にしか評価していなかったのだ。毎年上げている利益額から見ても、あるいは資産価値から見ても、ディズニー株はまさにお買い得の株だった。

このことを見つけた時、私は飛び上がらんばかりに興奮した。ディズニー株をたった31セントで買う。この決断は実にきらびやかなものだったのだ。

そして、それは時間が証明した。つまり（30年後、1996年の）今ではディズニー株は（当時の200倍以上もする）66ドルになっているのである。

ただあなたの会社であるバークシャー社の会長（つまり私のことだが）は、この優れた決断を愚かにも無効なものにしてしまった！

何を隠そう。私は翌年の1967年にディズニー株が1・5倍強になったところで、つまり1株たった48セントの値段で、これを全額売却する愚を犯してしまったのだ」

■穴に陥《おち》った時には掘るのをやめる

バフェットの失敗をもう一つ紹介してみよう。

1980年、バフェットはカイザー社やアルコア社などのアルミ製錬会社に多額の投資を行なった。けれどもこれはバフェットには珍しく、「投資そのものが間違っていた」という判断ミスだった。彼はそのことに気づくとアルミ産業への投資から潔《いさぎよ》く撤退している。1982年2月にバークシャー株主へ送った手紙の中で、バフェットはこのことを次のようにユーモアたっぷりに書いている。

「昨年、あなたの会社の会長（つまり私のことだ）は、アルミニウム産業がバラ色の未来を持っているとの『専門的な見解』を自ら進んで開示した。しかしながら今ではその見解に対していくつかの小さな修正が必要になった。これらの小さな修正はすべてを足し合わせると、当初の見解を180度否定するものとなってしまった」

バフェット独特のユーモアをまじえながら、自らの過《あやま》ちを認め、アルミ産業への投資から撤退した。

「穴にはまっていると気づいた時、一番大切なのは、それ以上掘るのをやめることだ」と、普段から言っている通りのことを実践したのである。

良くない投資をしていると気づいた時の最悪の対処法は、追加投資を続けることである。撤退には痛みが伴《ともな》うが、熱に浮かされた集団から早く抜け出して損切りをすれば最終的な被害はきわめて低く抑えられる。間違いを認める勇気も大切だ、ということだろう。

長期投資のお手本のようなバフェットだが、実はけっこう上手に適宜《てきぎ》売り抜けてもいる。「中国のペトロチャイナ株」などはそのいい例で、一番いい時に売却している。(注7)

また、バークシャー・ハサウェイ社のアニュアルレポートを見るとデリバティブ（スワップやオプションなどの金融派生商品）取引などもよくやっていることがわかる。儲《もう》けたり損したりで、このあたりは普通のヘッジファンドとあまり変わらない感じだ。

ところでやはり投資というのは難しいもので、ここ4年くらい彼は市場平均（S&P500指数）に対してけっこう負け続けている（最近4年間の成績は1勝3敗）。神話に翳《かげ》りが出てきたというわけではないが、バフェットもすでに83歳。かつての勢いがやや鈍ってきたという見方もある。

当たり前のことだが、私たちが絶対に避けなければならないのが、低いクオリティの事業を高い価格で買うことである。これをしてしまうと、プロ、アマを問わず確実に資産を減らす。これとは正反対のケースに目をつければいいのだ。たとえば1966年当時のディズニーのように、高いクオリティの会社の株が、その会社が持つ本源的価値以下の値段で売られていたら、「買い」なのだ。

バフェットによれば、株式市場とは不思議なところで、ときどき確実な儲け話が転がっている。不確実性のみに支配されるカジノと違うのが、この点なのだ。

「株はあなたに所有されていることを知らない」と、バフェットは言っている。持っている株に対して特別な感情や愛着を感じると、売り時を見失い、身を滅ぼしかねないとの警鐘《けいしょう》なのだが、バフェットは同時にまた、次のように言いたかったのかもしれない。

「けれどもあなたは株のことを知っている。だから買えるのだ」

■忘れられた本

30年以上も前、私はスタンフォード大学のビジネススクールで、ジャック・マクドナルド教授が教える「ファイナンス──株式投資論」の授業を受けた。(注5)と同時に、ウィリアム・シャープ教授(1990年ノーベル経済学賞受賞)のポートフォリオ理論のゼミも取った。

意外なことなのだが、1925年創設のスタンフォード大学ビジネススクールで、これまでに株式投資論の教鞭を執《と》ったのはたったの3人。90年近くの歴史を持つ学校でたった3人というのは異例だが、最初の教授は22年間の長きにわたって授業を持っ

『株式投資と並外れた利益』（左）と
『保守的な投資家はよく眠る』（右）

た。

２人目に講義を受けもったのが、フィリップ・フィッシャーだ。もともと実務家の彼は、大学で教鞭を執るのが本来の仕事ではない。最初の教授が２年間のサバティカル（研究休暇）を取っている間に限って、代役で教鞭を執ったのだった。

この時のフィッシャーの実践的な講義に強い感銘を受けた優秀な大学院生がいた。それが若き日のジャック・マクドナルドで、彼はその後、博士課程へと進み、株式投資論を教えるスタンフォード大学ビジネススクールにおける３人目の教授となった。

マクドナルド教授は１９６８年から今日まで40年以上にわたって「株式投資論」の講座を教え続けているが、この間、学生にはかならずフィリップ・フィッシャーの本を教科書として読むよう指示してきている。彼は、「フィッシャーの本こそが株式投資の基本中の基本であって、それは40年以上たった今でも変わることはない」と信じているのだ。

フィッシャーは生涯に３冊の本を書いている。このうち『株式投資と並はずれた利益』と『保守的な投資家はよく眠る』の２冊が、（注８）マクドナルド教授指定の必読本。ビジネススクール時代には、私もページをむさぼるようにこれらの本を読んだものだった。

ところが先日のこと、私は大切にしていたはずの本をうかつにも失くしてしまっていることに気がついた。たぶん日本とアメリカとの間を何回か引っ越すうちに、いつの間《ま》にか、どこかにまぎれ込んでしまったのだろう。

そこで、アマゾンＵＳＡのサイトで『保守的な投資家はよく眠る』のほうを買おうとしたらすでに絶版になっていて、中古本が１冊９６０ドル（９万６０００円）もしていた。

かつては株式投資のバイブルとしてベストセラーを記録した本だが、本国アメリカでもいつしか忘れられてしまったのかもしれない。

なおも調べてみると、息子のケニス・フィッシャーが父親の代表的著作である右の2作を1冊の本としてまとめ、2003年に再出版していた。(注9)

そしてこの本はアマゾンで、12ドル（1200円）ほどで購入できた。

フィリップ・フィッシャー

■1929年の大恐慌を経験した2人の投資家

スタンフォード大学で株式投資論を教えた2番目の先生であるフィリップ・フィッシャー。バフェットも「自分は85%グレアムで、15%フィッシャーだ」と言って彼のことを師と仰いだことは前述した。

1907年生まれの彼は、16歳でカリフォルニア大学（バークレイ校）に入学。この頃のフィッシャーはひじょうに聡明だったが、年齢が若すぎ、身体も小さく、スポーツも得意ではなかった。気弱で、社交性がなく、クラスメートとも打ち解けなかったので、これを見かねた伯母からの経済的支援を受けて、スタンフォード大学にトランスファー（転校）した。(注10)

州立のカリフォルニア大学に比べて、私立大学のスタンフォード大学のほうが、当時は規模も小さくて、ずっとフレンドリーで親しみやすい校風だったのだ。20歳でスタンフォード大学を卒業した後は、設立後間もないビジネススクール（2年制の経営大学院）に進んだ。

現在では1学年に400人近い大学院生を抱えるスタンフォード大学ビジネススクールも、当時、フィッシャーの学年にはたった19人の大学院生しかいなかった。(注11)しかもその1年上のビジネススクール2年生は、もっと少なくて9人のみ。この9人のうち金融を学んだのは2人だけで、2人ともすでにニューヨークの投資会社への就職を内定させていた。そこへ急遽《きゅうきょ》サンフランシスコの銀行から「卒業生を投資部門で採用したい」との話が舞い込んできた。当時1年生だったフィッシャーはこの話を聞きつけ、ビジネススクール当局をこう説得した。

「私をこの銀行に行かせてください。私の働きが先方に認められれば、これから先、この銀行は毎年スタンフォード大学に対して『卒業生が欲しい』とのオファーを出してくるはずです。もしも先方に認められなければ、私はビジネススクールに戻ってきて、第2学年のコースを履修して卒業するようにします」

こうして１９２８年に、当時21歳だったフィッシャーは、スタンフォード大学ビジネススクールを1年で中退し、株式投資の現場に入っていった。

１９２９年の歴史的な世界大恐慌が起きる、1年前のことだ。

ちなみにフィッシャーと同じく、ウォーレン・バフェットが師と仰いだベンジャミン・グレアムもまた同じように20歳で大学を卒業し、若くして投資の世界に入った。そして１９２９年の世界大恐慌を経験している。

2人の著名な投資家はともに大恐慌の洗礼を受け、このことが実践投資家としての2人の投資理論に磨きをかけたといわれている。

「会社の本源的な価値を見つけてそこに投資しよう。そのことに市場がまだ気づいていない可能性が高い時には、投資として有望である」

効率的市場仮説(注12)を信奉する人は、「市場が気づいていないことなんてありえない」と反対するだろう。しかしグレアムにしても、フィッシャーにしても、そして両者の教え子のバフェットも、「市場が会社の本源的な価値に気づいていないことがありうる」と信じ、自らの投資行動を通じて、そのことを世に示したのである。

■メイン・ストリートの情報を取れ

フィッシャーの本によく出てくる言葉に「スカトルバット (Scuttlebutt)」という言葉がある。「Rumor (噂) や Wall Street noise (ウォール・ストリートの雑音) に惑わされるな。スカトルバット (Scuttlebutt) を使え」というように書かれている。

本書の「はじめに」でも書いたが、英和辞典を引くと「Scuttlebutt」は「噂」と出てくる。しかしフィッシャーは良い意味で使っているようで、実体のない噂やゴシップと違って、何らかの真実味を持った秘密の (とっておきの) 情報といったニュアンスがあるようだ。

どの株に投資し、どの株を避けるべきか。これを検討する上で重要なことは、「その会社に関する、とっておきの情報（Scuttlebutt）を取ることである」と説いているのだ。

情報の入手先は、投資候補先の社員、元社員、顧客、納入業者、競争相手と、多岐にわたる。フィッシャーは情報を入手する際、誰からこの話を聞いたのか、情報ソースについては絶対に秘匿《ひとく》することを情報提供者に信じ込ませることが重要だと言っている。これができれば正確な情報が取れる、としたのだ。

フィッシャーのアドバイスは具体的で、「元社員から情報を取る場合には、同時にその社員がどうして社を辞めることになったかを知る必要がある」とまで指示している。会社をクビになった社員は元いた会社のことを必要以上に悪く言う可能性があるからだ。

息子のケニス・フィッシャーが、２００３年に復刻出版した『フィリップ・フィッシャー著作集』(注９)に加えた解説を引いてみよう。

「『Scuttlebuttを使え』とは、要はウォール・ストリートの情報に頼るのではなく、メイン・ストリートの情報を取れ、ということだ。このことを守っていれば、2000年直前のドット・コム・バブル（引用者注・ITバブル）の時に価値のほとんどない会社の株に投資して傷つくこともなかったであろうし、エンロンやタイコ、ワールドコムのような会社の株に投資してしまうといったミスも犯さないですんだはずだ」

アメリカの多くの都市の中心を走るのが、メイン・ストリートである。そこには人々が集まり、日々生き生きとした生産活動、消費活動を繰《く》り広げている。

これに対してウォール・ストリートはニューヨークのマンハッタンにある短いストリートで、株式市場があり証券会社が集中している。

メイン・ストリートが開かれた場所とするなら、ウォール・ストリートは証券業界だけの閉じられた空間、ということになるのだろうか。

要は、証券会社や投資銀行、株式アナリストたちの言葉に惑わされることなく、現場から情報を取れ、ということなのだ。アナリストたちのフィルターを通した、濾過《ろか》された情報ではなく、できるだけ生《なま》の情報を多面的なソースから手に入れろ、とフィッシャーは主張したのである。

企業の本質を見極めるために決算書を丹念に見ることは重要だが、数字だけでは表現しきれないものがある。そのためには対象企業のステークホルダーへのヒアリングが大切だと説いたのだ。

■フィッシャーの3年ルール

フィッシャーは「モトローラの株を約50年間という長期にわたって保有して素晴らしいリターンを上げた」ということでも有名である。長期投資の実践家と称されるゆえんだ。

彼がモトローラ株を購入したのは、1955年。それから2004年に96歳で亡くなるまで保有し続けた。この間、モトローラは配当を出していたので株価だけで投資のリターンは測れないが、1978年から2003年までの25年間（彼が保有した期間の後半部分）だけで、株価は30倍になった。(注13) モトローラの資本勘定は、1955年の5600万ドルから2004年の133億3100万ドルへと、238倍にもなっている。

途中、大きな出来事もあった。1974年3月12日の取引終了後にモトローラが「テレビの製造から撤退し、工場と在庫を松下電器産業に売却する」と発表するや、翌朝株価は23％も上昇し、60ドルをつけた（前日の終値は48・625ドル）。

この急上昇に関して、フィッシャーはこう書いている。

「そもそもこの売却の発表前、当時の株価アナリストたちは、モトローラの主たるビジネスをテレビだと考えて、あまり高い評価を与えていなかった（モトローラのテレビ事業は赤字だった）。しかしモトローラという会社をきちんと分析していけば、この会社は通信部門だけで、当時株式市場が評価していた会社全体の価値に等しいものを有していたことが容易にわかったはずだった」

「株式投資のポイントは現在の市場関係者による評価に比べて、実のところ会社のファンダメンタル（事業素質）はいったいどうなんだ、ということだ」

フィッシャーは「いったん投資した以上、3年間は持つ」という「3年ルール」を堅持した。「3年ルール」には同時に、「3年経っても自分が思ったような結果を投資先が生まない場合は、その時点で売る」という意味も含まれていたという。

フィッシャーはこう語っている。

「モトローラは私が行なった投資の中でもっとも成功した投資の一つであったが、この株を買った当初は値を下げてしまった。５％とか10％といった下落であったが、１年以上もの間、買い値よりも低いといった状況が続いた。私のファンドに投資していた投資家からは文句を言われることも多かったが、３年ルールがあったおかげで忍耐強くふるまうことができた。そしてこの株は3年後には素晴らしいリターンを生むようになった」

長期投資家としてフィッシャーはいくつもの名言を残している。その中の一つが彼の著書『株式投資と並はずれた利益』の第6章にある。「(買った株は)いつ売るか(When to Sell)」と題された第6章の最後を飾った1行である。

「株を買う時にやるべきことをきちんと行なってさえいれば、その株を売るべき時期というのは、ほとんど永遠に来ない(almost never)」

■フィッシャーの15原則

フィッシャーは、株式投資をする際に原則を立てて、大切なポイントを整理している。有名な「フィッシャーの15原則」である。

次に挙げる15の質問に対して、投資家にとって満足できる答えが多くを占めれば、その株式投資は「ボナンザ（bonanza）＝大正解」であり、多くを外せば投資は失敗に終わる、としたのだ。

①その企業は充分な潜在力を持っているか。すくなくとも数年間にわたって売上を大きく伸ばす製品・サービスがあるか

おそらくはこの第1ポイントが一番重要なのだろう。投資先の本源的価値を評価するに際しては、現在生み出されているキャッシュフローだけがポイントではない。将来もこのキャッシュフローが順調に、しかも大きく拡大していく、すなわち企業として成長していくことが重要なのだ。

以下、２番目以降はこう続く。

②業績を牽引する製品・サービスの次に向けた一手を打っているか
③研究開発が成果を上げているか
④強い販売網・営業体制があるか
⑤利益率が高いか
⑥利益率の上昇・維持に対する取り組みができているか
⑦労使関係は良好か
⑧幹部社員が能力を発揮できる環境か
⑨幹部社員は優秀な人材が多いか
⑩コスト分析や、財務分析を重要視しているか
⑪競合他社に優る、業界で通用する特徴があるか
⑫短期的及び長期的な視野の収益見通しを立てているか
⑬既存株主の利益を損なってしまうような増資が行なわれる虞《おそれ》はないか

⑭経営者は問題発生時に積極的に説明しているか
⑮経営者は誠実であるか

■バフェットの師は年齢に負けた？

かつてなら、これら15原則の回答を得ようとすると、投資家は数多くのヒアリングを重ねなければならず、大変なことだっただろう。

しかし今ではフィッシャーの時代と違い、ネットでの情報入手が容易だ。知ろうと思えばかなりのことをネット検索でも知ることができる（もちろんネット上で誰もが入手できる情報に比べて、あなたが実際に足を使って関係者を訪問して得た情報のほうがはるかに有益なのだが……）。

なお15原則の①について言えば、フィッシャーはこう説明している。

当時（1950年代後半）、モトローラはラジオ無線の世界でナンバーワン企業だった。

「ラジオ無線による双方向コミュニケーションは、警察やタクシーの分野で使われ始めた。しかし今や、無限の可能性を持っている。トラック業界、配達業者、建設会社でも使われるだろう。さらにモトローラは半導体の分野にも進出している。その他、ステレオ、蓄音機、補聴器なども期待できる」

フィッシャーはこうして、「モトローラはこれから数年先、売上をかなりの程度で向上させる製品やサービスを持っている」と判断した。そしてモトローラ株を買ったのである。

それから3年後、モトローラ株はある巨大機関投資家（保険会社）が当時保有していた全ポートフォリオの中でもっとも高いパフォーマンスを上げることになる。それほどフィッシャーのモトローラへの投資は的中した投資だったのである。

２００４年にフィッシャーは96歳で亡くなったが、92歳くらいまでは現役で投資活動を行なっていたという。

もっとも息子のケニスによると、70を超えたあたりから投資判断を間違うことが多々あったとのことだ。「70歳で引退していれば経済的にはもっと裕福だった」と息子は回想している。

フィッシャーの著作のうちから2つの本と1つの小論文を集めて2003年に復刻出版した本の序章に、息子は次のような言葉を残している。

「人によって『年を取る』あるいは『老いる』年齢は違うが、もしもあなたが投資家ならば、年を取った後、老いた後では、投資判断はしないことだ」

ところでフィッシャーは自著『保守的な投資家はよく眠る』の表題の説明として、「保守的な投資とは、あなたの資産を保持するものでなければならない」と言っている。

【保守的な】の英単語は【conservative】、その動詞形が【保持する＝conserve】である。

保守的な投資とは、減らさない投資、保持する投資ということになる。

■極貧の中で猛勉強した「最後の相場師」

投資の哲人としてバフェットやフィッシャーは世界的にもあまりに有名だが、日本にも貴重な教えを残している投資家がいる。

そのうちの一人、是川銀蔵《これかわぎんぞう》（1897年―1992年）をご紹介しよう。

彼は住友金属鉱山の株を買い占めて1983年に高額所得番付の第1位になり、「最後の相場師」の異名を取った。

是川は1991年、彼が93歳の時に初めての自伝を出版した。『波乱を生きる』と題されたその本の(注14)まえがきには、こう記されている。

「株で成功するのは不可能に近いという事実を伝える使命があると思い、筆をとることにした」

それ以前、多くの出版社から自伝執筆を依頼されていたが、是川は自分が自伝を書くことで多数の犠牲者が出ることを危惧《きぐ》して断わり続けてきたという。株は大儲けできるものだと勘違いして、大金を注《つ》ぎ込んで人生を棒に振る人間が出現してしまうことを恐れたのだ。

ところがある物書きが是川の一代記なるものを勝手に出版してしまった。是川は困惑する。「一代記」を読んだ人たちが話を真《ま》に受けて投機に手を出し、道を誤ったら大変だと考え、ゆえに重い腰を上げて自伝執筆の決意をしたということだ。

是川は兵庫県赤穂《あこう》の漁師の家に7人兄弟の末っ子として生まれ、小学校を卒業した後、小さな貿易商、好本商会の丁稚《でっち》となる。本人は高等小学校まで通わせてもらったが、上の兄たちは尋常小学校止まりだった。

好本商会はイギリスから毛織物を輸入し、日本の手芸品を輸出するという会社だったが、大正3年に倒産。是川は小僧の身ながら倒産の惨《みじ》めさを味わった。両親や兄たちは新しい勤め口を探してくれたが、是川は一本立ちを決意。「いくら懸命に働いても、人に使われていては会社が倒産したらまた失業だ。（略）どうせやるならワシ一人の力でやってみよう」（『波乱を生きる』）と考えたからである。

丁稚で稼いだ20円を旅費にして16歳の是川は神戸から中国・大連《だいれん》に渡り模索を続けるが、資本がないことにはどうにもならず、18歳にていったん帰国。半年後、ふたたび中国に渡り、商売に励んだが、非鉄金属相場の下落などに見舞われ、一文無しとなって19歳で帰国。その後も貝ボタン工場、伸鉄工場などを起こすが、昭和恐慌に見舞われて辛酸《しんさん》を舐《な》め、妻の裁縫の内職で2男2女の4人の子を食べさせることに……。

この恐慌で是川は資本主義に疑問を抱き、往復5キロの道を歩いて図書館に通い、政治、経済の基礎文献を読み漁《あさ》った。家賃や米代も払えない貧窮生活の中で、３年間、毎日のように是川は図書館に通いつづけ、世界各国の数十年にわたる経済統計を調べ、物価、景気、株価の変動や消費動向を徹底的に分析した。そしてひと通り勉強した後で、これならいけると、株式投資の世界に身を投じようと決意したのである。

是川が34歳の時だった。

■投資の要諦《ようてい》は、情報の真偽を見抜くこと

猛勉強の結果、34歳にして「株で自分のこれからの人生の活路を開いてやろう」と決意した是川銀蔵。その時の是川の心境を『波乱を生きる』から引いてみよう。

「（昭和6年）当時の株式市場は、取扱い高の80パーセントは個人の売買。（略）ところが、その（個人の）連中ときたら私の目から見ると実に幼稚な方法で相場を張っている。（略）彼らの中には、経済を科学的に分析して相場を張る投資家はほとんどおらず、経済知識はきわめて幼稚なのだ。（略）せいぜい新聞記事がお師匠さん程度の内容しかない」

こうして是川は「こんな連中がやってるんだったら、与《くみ》しやすい」とばかり相場の世界に入っていった。

是川は各種資料を徹底的に分析し、そこから生じるだろう変化を先取りして、投資判断を下していった。その際心がけたのは、情報の真偽を見抜くことだった。このあたりは「スカトルバット（Scuttlebutt：とっておきの情報）を取れ」と説いたフィリップ・フィッシャーと同じである。

是川銀蔵

是川いわく「情報の中にはデタラメがある」。「（海外から）入電される電報の中にも、うそっぱちが入る。しかし、これを見分けるのがプロだ」。

往々にして個人投資家は「証券会社の社員が持ってきた嘘の情報(注15)」に乗っかって売買してしまう。しかし是川は、その情報が本当かどうかをジッと考えた。

昭和13年（1938年）、第二次世界大

戦が始まる少し前、是川は相場の世界からいったん身を引いた。国難に際して、鉄鋼資源の開発が日本にとって急務と考え、朝鮮半島にわたって鉄鉱石の鉱山を開発し、製鉄所を設立したのである。

証券界に舞い戻ったのは昭和35年（1960年）。

是川はすでに初老の域、63歳になっていた。

■水面下にある優良な株を買う

是川が「最後の相場師」の異名をほしいままにする活躍ぶりを見せたのは、63歳で株式市場にカムバックしてから後、とくに昭和51年（是川79歳）の日本セメント株への投資以降のことである。その後、昭和54年、同和鉱業の筆頭株主に躍り出ることで注目を浴び、昭和56年〜57年にかけて行なった住友金属鉱山株の売買により、昭和58年発表の高額所得番付の第1位に輝いた。是川が85歳の時である。

是川によれば「株式投資はちょうどウサギとカメ」である。「ウサギは自分を過信しすぎて勝負を急ぐあまり途中で没落していく。一方、カメは遅いようでもちゃんとゴールに入っている。つまりウサギのように欲の皮を突っ張らして目をまっ赤にして先のことばかり考えていては、ゴールは途中で跡形もなく消えていく。カメになった心境で、じっくり時間をかけて買うことだ」と説いた。

そして次の「カメ三則」に従って株式投資を行なった。

①銘柄は水面下にある優良なものを選んでいって持つこと
②経済・相場の動きからは常に目を離さず自分で勉強する
③過大な思惑はせず、手持ちの資金の中で行動する

このうち、①の水面下にある優良なものに投資するというのは、フィリップ・フィッシャーやウォーレン・バフェットの投資手法そのものだ。ただし是川の場合は株式を長期間持ち続けることはせず、半年から2年くらいの間で売り抜けている。「カメ三則」に加えて、簡潔な「投資5ヶ条」を残しているので、ここに記しておこう。

①銘柄は人が奨《すす》めるものでなく、自分で勉強して選ぶ
②1、2年後の経済の変化を予測し大局観を持つ
③株価には妥当な水準がある。値上がり株の深追いは禁物
④株価は最終的に業績で決まる。腕力相場は敬遠する
⑤不測の事態などのリスクはつきものと心得る

株で儲けた金はどうしたか。養護施設の子供たち、親が交通事故に遭《あ》った遺児たちに、何の条件もつけずにできる限りの学費援助をするというのが是川の願いで、彼はそのために「是川奨学財団」を創設し、現在までで1000人をはるかに超える数の子供を援助してきた。財団は、株の世界に生きた彼の主戦場・大阪市中央区高麗橋《こうらいばし》(北浜《きたはま》の証券取引所のすぐ近く)に今もある。

■株はギャンブルか？

最近では変わってきたかもしれないが、かつては日本で是川銀蔵のような相場師の

ことを書くと、株に興味を持っている人には受け入れられても、一般にはなかなか理解されにくかった。是川のような波乱万丈の人生を送った人でさえ、「相場師なんだから普通の人とは違うでしょ」と一刀両断に片づけられてしまうことが多かったのである。

フィッシャーやバフェットは賢人や哲人として世界中の人々から尊敬を集めているのに、なぜか日本の株式投資家は、時に乗っ取り屋として恐れられ、時には相場師と一刀両断に切り捨てられ、相場で得たお金は「あぶく銭」として扱われてきた。

「株などにうつつをぬかさずに、もっと額に汗して、実社会で働け」

「若い人がパソコン画面を注視しながら、売った、買った、を繰り返していても、社会的に何の価値も生み出さない」

こう声高《こわだか》に主張する評論家も多い。

そもそもアメリカでは一般に「お金持ち」イコール「成功者」と考えられているが、日本では必ずしもそうではない。お金のことばかり考えている人よりも、貧しくても清廉潔白、質素堅実な人が尊敬を集めてきた。武士は食わねど高楊枝《たかようじ》。江戸っ子は宵越しの銭は持たないということなのだ（もちろんそういった風潮は変わってきている。最近合コンに参加した若手のビジネスマンは、「好みの男性は？」と質問したところ、女性陣から福沢諭吉《ふくざわゆきち》、野口英世《のぐちひでよ》といった具合にお札の肖像画の人物だけが次々に上がってきたと嘆いていた）。

統計指標を見ても日本とアメリカの違いは歴然だ。日本の家計資産のうち54％が「現金・預金」。これに対して「株式・投資信託」はたった13％を占めるにすぎない（残りは「保険・年金準備金」27％など）。一方、アメリカではこの数値がほぼ逆転していて、「現金・預金」が13％、「株式・投資信託」が44％を占める。（注16）

日本ではまだまだ「株になんか興味ない」、「とても怖くて近づけない」と考える人が多いということなのだろう。

実際、株に手を出し、平成初期のバブル崩壊とともに資産を失ってしまった人たちがたくさんいる。本章でこれまで紹介したようなフィッシャー、バフェット、是川といった株で成功した面々は、むしろ少数派。バブルとその崩壊を知らない若い人たちでも、親戚や会社の先輩など身近なところで「株で大損した人」の話を聞いたことがあるはずだ。

買った株が半年のうちに半分になってしまう。バブル崩壊期ではなくて平常時であっても、株式投資ではこうしたことが比較的簡単に起こりうる。いかに世間的に名前の通った大企業であっても株価が半額になってしまうことが頻繁にありえるのだ（もちろん逆に2倍になることもある）。

会社の売上が数％落ちただけでも、株価は時として半分になってしまう。そのメカニズムは本書第4章で詳述しているのでそちらを見ていただきたいが、要は株式投資とはこのようにリスクのあるものなのだ。

だからこそ、「株はギャンブルだ」とか「マネーゲームだ」と評されるのだろう。かく言う私も社会人になったばかりの頃は「株は競輪競馬と同じように一種のギャンブルだ」と思っていた。そして株式投資など自分には無縁だと考えていたのである。

しかしアメリカに留学してから、こうした考えはすぐに変わるようになった。

■資本主義の根幹を成すもの

24歳の時——大学を出て日本興業銀行に入行してから1年経って、私は企業派遣でアメリカ・スタンフォード大学ビジネススクール（経営大学院）に留学した。株に対する見方を変えたのはこの時だ。

「株式市場を通じて社会の資源（ヒト、モノ、カネ）が効率的に配分される」

「投資家が事業素質の高い会社の株に投資すること、その行為こそが社会の資源配分を効率化させることになる」

１９７０年代後半のスタンフォード大学では、このような考え方が徹底的に教え込まれていた。

当時の日本では企業が事業資金を調達する時には、銀行による融資、すなわち間接金融が中心だった。そして多くの個人投資家にとって、証券会社は銀行に比べていま一つ信頼性に欠けるところだった。口が達者でシロウトが近づくと騙《だま》されてしまう——今ではあまり聞かれないが、当時は「株屋」などと言われていたのだ。

そんな日本と対照的だったのが、私が留学した当時のアメリカ。多くの企業は銀行に頼ることなく株式市場から直接資金を調達していた。証券会社は「投資銀行」と呼ばれ、スタンフォード大学やハーバード大学のビジネススクール学生、いわゆるトップ・エリートたちが就職先として真っ先に希望するところだった。若き投資銀行マンが高級なスーツを身にまとい、採用活動のために大学にやってくると、学生たちは羨《せん》望《ぼう》の眼差しで眺めたのである。

留学中にアメリカ人クラスメートにこう諭《さと》されたこともある。

「株式市場は資本主義のシステムにおいて、まさに中核的な役割を果たしている。だからこそ自分はそこで働きたい。君の勤務先の興銀は商業銀行だろう。そんなところで働いていないで、もっと経済的意義（エコノミック・シグニフィカンス）の高い職に就《つ》きたいと思わないか」

株式市場が資本主義のシステムにおいて中核的役割を果たしている……。

この言葉は私にとって衝撃だった。思い起こせば、当時はまだソビエト連邦が存在していた時代で、スタンフォード大学の教室では教授たちが次のように熱弁を振るっていた。

「ソ連のように一部の官僚が資源配分を決める計画経済はやがていきづまる」

「日本も官僚が幅を利《き》かせている国家資本主義ではないか」

「官僚ではなく、もっと自由で民主的な存在――それが『マーケット（市場）』なんだ」

「市場機能を利用することが重要だ。株式市場で効率的な資金配分が行なわれることにより、社会全体がもっと成長できるようになる」

　彼らの講義を聴いて、私は資本主義の真髄を垣間見たような気がした。そしてこう思うに至った。

「株が資本主義というシステムの中核的な役割を果たしているなんて初めて聞いたぞ。どうやら株というのは奥行きの深いもののようだ」

「少なくとも株式投資は一刀両断にマネーゲームと割り切れるものではないらしい」

■誰も投資から逃れることはできない

　日本では家計資産の半分以上が「現金・預金」で占められている。「自分は株には興味ない、資産は全部普通預金に置いている」と語る人が多いのだ。

しかしよく考えてみると、こう言う人も、実は「普通預金」という投資をしている。そしてこの方法は、これまで15年間もの長きにわたってデフレが続いた日本においては、もっとも賢い投資方法の一つだったのだ。

しかしこれから先はそうとも限らない。仮に年率10％のインフレがやってきたら、いったいどういうことになるのだろうか。１００万円が5年後には実質65万円の価値しか持たなくなる。うっかりしていると大きな損失を被《こうむ》ってしまうことにもなりかねない。

誰も投資から逃れることはできない。たとえ普通預金であっても、それは一種の投資である。

だとすれば、われわれは最低限の金融の知識を身に付けておきたいものだ。株式投資についても「怖い」「近づかない」と拒絶しないで、基本的な知識だけでも身に付けておき、いざという時に使える「武器」にしておきたい。

たとえ大きくリターンを上げることを狙わなくとも、少なくとも大きく損をすることだけは避けるようにすべきなのだ。

ここまでの第1章ではフィリップ・フィッシャー、ウォーレン・バフェット、是川銀蔵といった投資家に登場してもらい、投資を行なう上での考え方や手法について語ってもらった。いわば本書全体の「総論」に当たる部分がこの第1章である。

これに続く第2章では「各論」として株式の「買い」を、そして第3章では「売り」を取り上げる。

株式投資とは、煎《せん》じ詰めれば「買い」と「売り」との科学である。どの銘柄の株を買うか。どのタイミングで買うのか。高値掴《づか》み（買った途端に値を下げてしまう）を避けるにはどうするか。

売りのほうも難しい。売った途端に値を上げてしまって、悔しい思いをした人も多いだろう。あるいは「長期保有」という甘い言葉にそそのかされて、保有株がどんどんと値を下げて、みるみるうちに含み損が拡大、塩漬けになってしまったという人もいるかもしれない。負け惜しみに「売らなければ損にならない」と強がってみても、後の祭り。あなたの資産は着実に減ってしまう。
こうした「買い」と「売り」にかかわる話を、次章以降で展開していこう。

第2章　気弱な人の「買い」の極意

■得意分野に特化せよ

バフェット、フィッシャー、そして是川銀蔵。読者のみなさんは、第1章に登場したこれらの投資家に何か共通するものを感じたかもしれない。

もちろん、彼らとはまったく違ったスタイルの投資家もたくさんいる。

「どの方法が正しくて、どれが間違いということはないのだよ」

こう諭《さと》してくれたのは、私に「株式投資論」を教えてくれたスタンフォード大学のマクドナルド教授である。

そうなのだ。株式投資の世界では、成功への正しいアプローチは数多く存在する。

私の知人で自らヘッジファンドを運営しているA氏は、「1年先のことに比べれば5分後にマーケットがどう動くかのほうが予想しやすい」と言っている。「1年先の市場はあまりに多くの変数に影響されうる」――こう主張する彼は、影響を及ぼす変数が少ない分刻み（あるいは秒刻み）で売買することを得意としている。

フィリップ・フィッシャーはモトローラ株を約50年間という長期にわたって保有したが、たとえば今年70歳になる個人投資家に長期投資を勧《すす》めてもあまり意味をなさないだろう。

投資をする人の目的、年齢、得意・不得意は人それぞれだ。大切なのは自らにあった投資スタイルを選択していくことである。

ウォーレン・バフェットは、「投資家は、自分の得意分野に集中すべき」と主張した。株の世界で森羅万象《しんらばんしょう》、すべてを知ることなどはとうてい不可能なことだ。自分だけがよく知っている分野、スカトルバット（Scuttlebutt; とっておきの情報）を持っている分野で勝負すべきであり、そうでない分野からは遠ざかったほうがよいということだろう。

ピーター・リンチ（注17）は、いつも近所のスーパーマーケットで目にするような企業に関心を集中させていた。そして株価が10倍になる株（テンバガーと言われる）を見つけようとした。一方、マイケル・プライス（注18）は破綻《はたん》企業に価値を見出《みいだ》し、その研究をつづけていた。

人は全知全能の神ではないから、能力には限界がある。だからこそ、投資においては、検討の対象を限定するとか、自分の得意とする手法に特化することが重要になってくる。株式市場のすべてを知ろうとするよりも、自分がもっとも詳しい領域に集中すべきなのだ。

■個人投資家が取るべきアプローチ

何人かのプロの投資家たちがチームを作ってファンドを組成するような場合には、そのファンドが目的とするところに従って、たとえば日本の中小型株をチームのメンバーが手分けして調べていく。そういったアプローチを取ることができるだろう。ところが単独でマーケットに立ち向かう個人投資家には、そういった人的、時間的余裕がない。できることは、自《おの》ずから限られてしまう。だからこそ、よりいっそうのこと、バフェットの言う「得意分野に特化すること」が重要になってくる。

個人投資家にとって、重要なポイントがもう一つある。それは、「生活の質（クオリティ・オブ・ライフ）を犠牲にしない」ことだ。フィリップ・フィッシャーが自らの本に『保守的な投資家はよく眠る』とのタイトルをつけたように、個人投資家は、夜よく眠りながら、あまりストレスを感じずに、つまり生活の質を落とすことなくして、資産運用を行なっていくべきなのである。

もしもあなたがプロの投資家であれば、「投資をすること」が本業だ。したがって生活の質を犠牲にしてでも、投資の成績を上げようと努力するだろう。

しかしフィッシャーが約40年前に書いたように、もしあなたが個人投資家であれば、なにもプロのマネをする必要はないし、またマネをすべきではない。

投資の世界を極《きわ》めようとして、昼夜パソコンの画面を見続けたり、四六時中株価を気にして、職場での仕事がおろそかになったり、家族や恋人との時間が犠牲になれば、あなたの「生活の質」は確実に落ちてしまう。場合によっては本業の職場で、降格の憂《う》き目《め》に遭《あ》うかもしれない。

自分のお金を守ろう（あるいは増やそう）として、自分の人生が振り回されてしまっては、元も子もないのである。

このことは忘れがちだが、しかと肝《きも》に銘《めい》じておきたい。「購入予約」しておいた株価の動向が気になって、職場でスマホをいじっているところを上司に見つかってしまった――そんな例は意外と多いものだ。

■中途半端に分散投資する愚《ぐ》

この本を読んでいる読者が株式投資に振り分けている（あるいは振り分けようとしている）資金は、いったいどのくらいなのだろうか。

中には10万円という人や、あるいは逆に5000万円という人もいるかもしれない。

でもおそらくは、9割の人が「20〜30万円から2000〜3000万円」といった「レンジ（範囲）」で株式投資を考えているのではないだろうか。

その場合、投資の対象となるべき銘柄数は、できれば1社。どんなに多くても3社に絞るべきだ。バークシャー・ハサウェイという巨大投資会社（時価総額29兆円）を運営するバフェットでさえ、投資資産の約6割を4銘柄に集中させている（注19）。

ある特定企業を投資に値するまでに調べて理解するのには、それなりの時間と努力を要する。買った後で、業況等を逐一フォローしていくのも、独力ではせいぜい3社までが限界だ。

「チョット待ってください。それではその1〜3社だけのリスクを抱え込むことになります。少なくとも5～6社に分散投資したほうがいいのではないでしょうか」

「たった1社への投資では、２０１２年11月からの上げ相場（アベノミクス）のように、マーケット全体が上がると考えられる時に、相場の流れに乗れないのではないでしょうか」

こういった批判も聞こえてきそうだ。

しかしどうしても分散投資したいのであれば、日経平均株価指数（注20）とかダウ平均株価指数といった「指数」に投資すればいいのであって（そのやり方は後述する）、中途半端に5～6社に分散投資する必要はない。

アベノミクスの導入段階（２０１２年11月～２０１３年1月）のように相場全体が大きく上がると予想され、とりあえず「その流れに乗りたい」と考える場合にも、日経平均株価「指数」に投資すればいい。

もう少し具体的に説明しよう。もしもあなたが仮に８００万円を株式投資に振り向けると決めたのであれば、半額の４００万円を特定の銘柄（1～3の銘柄）に投資して、残りを日経平均株価やダウ平均株価などの指数に投資するといった方法を取ることもできる。

経済学者であると同時に投資家でもあったケインズはこう述べている。(注21)

「よく知りもしない企業に分散投資することによってリスクを限定することができるという認識は誤りである。人の知識や経験は限られていて、私個人の場合も、ある一時点において、個人的に自信をもって投資をすることができる対象が2社もしくは3社を超えることはめったにない」

ある特定の企業とその企業が対象とするマーケットを深く理解し、長くリサーチしている投資家であれば、経済ニュースがその企業の株価にどのような影響を与えるかを判断できるようになる。そして、その企業の長期的な可能性に確信が持てるのならば、市場全体が下落局面にある時でも、恐れずに「買い」を入れたり、あるいは焦《あせ》って損切りすることなく持ちこたえることができる。

バフェットは「株式を保有するということは、その企業を買収することと同じことだ」と見ていた。ある企業を買収しようと思わないのなら、その企業の株は一株たりとも保有しようとはしなかったのである。

そしてそこまで投資対象の企業のことを理解するには、当然のこととして対象を絞って理解を深めるしか方法はないのである。

■トヨタ株に集中投資したサラリーマン

ここで、ある個人投資家のお話をしよう。

自動車部品メーカーに勤める山本さん（仮名）。

私は1983年から87年まで、日本興業銀行でアメリカ・シカゴの駐在員をしていたが、その時に知り合った人だ。

当時のアメリカにはホンダによる1982年11月の自動車生産工場進出を皮切りに、日産、トヨタなどが次々と工場進出していった。これら自動車メーカーは、最初は部品を日本からアメリカに運び、現地で組み立て生産していたが、すぐに部品メーカーにもアメリカ進出をするように呼びかけるようになる。

山本さんが勤める部品会社も完成車メーカーの呼びかけに答える形で、アメリカへの工場進出を決断。進出候補地を3カ所ほどに絞り込んだ。そして私も山本さんをサポートする形で、一緒に現地を訪れて州政府や地元政府との間の条件交渉に立ち会ったりした。ほどなくして私は日本に帰国したが、山本さんはその後10年以上もアメリカに駐在することになる。

「当時は株式投資なんて考えたこともありませんでした」と、山本さんは私に打ち明ける。

会社には従業員持ち株会があったので、毎月給与の中からごくわずかな金額を充《あ》てて自分の会社の株を細々と買っていただけだったとか……。

そんな山本さんが株式投資に興味を持つようになったのは、日本に帰国して10年近く経《た》ってからのことだ。小泉《こいずみ》政権で改革が叫ばれ、日経平均も1万6000円を付けていた頃だったと言う。

「あの頃は本屋さんを覗《のぞ》くと株式投資の本が平積みされていて……。職場でも株の話がよく出ていました」

凝《こ》り性の山本さんは、投資を始める前に何冊もの本を読み漁ったと言う。

「いちばん印象に残ったのはバフェットの本でしたね。投資家は自分の得意分野に集中すべきだという彼の考えには説得力がありました。そこで考えたのです。私の場合は自動車会社じゃないだろうか、って。アメリカに10年以上駐在していたおかげで日系メーカーだけでなくアメリカメーカーとの付き合いもありましたし……」

その中でも関心を持ったのがトヨタだったと言う。

「われわれ部品メーカーの立場からすると、トヨタさんほど手ごわい相手はいない。乾いた雑巾《ぞうきん》をさらに絞るという言い方がありますが、価格交渉なんか半端じゃないわけです。トヨタは当時すでに1兆7000億円近くの営業利益をたたき出していました。しかしトヨタに勤める知人から聞いたところによると、経営陣は『けっして驕《おご》るな。道の真ん中でなく端《はし》を歩け』と社員に話していたとか……。こうした話を聞くにつけトヨタ株が魅力的に思えてきたのです」

■下落相場で「買い」を入れる勇気

トヨタ株の購入を検討したという山本さんの話を、もう少し続けよう。

「それでこの時にトヨタ株を買ったのですか」と質問すると、こんな答えが返ってきた。

「いえ、この時には、結局、株を買うことをしませんでした。本屋さんに株の本がたくさん並んでいて、職場でもみんなが株の話をしている。バフェットは過熱気味の相場では手を出すなと戒《いまし》めていましたから……。

それに当時、トヨタに関して少しずつ『あれ？』と思うようなニュースが伝わってきました。2006年に起きたアメリカでのセクハラ事件。アメリカのトヨタでこんなことが起きるなんて驚きでした。いったいトヨタはどうしちゃったんだろうと思いました。それから2007年にジム・プレス氏がアメリカ・トヨタ社長を退社するなど、私の知っているトヨタではちょっと信じられないようなことが次々と起きたのです。当時、私は現場を離れていたので、これらのことは経済ニュースを通して知るだけでしたが、『道の端を歩け』と教え込まれていたトヨタでは考えられないようなことが起きているように感じました。にもかかわらずトヨタの株価は6000円とか7000円、さらには8000円といったレベルを付けていたので、買いを控《ひか》えたのです」

「結局、どうしたのですか」と私が問いかけると、山本さんは次のように答えてくれた。

「2008年のリーマンショック後、トヨタ株が3000円を切って、2000円台に突入したことがありました。この時、バフェットがGEやゴールドマンの株を大量に買っているニュースを見て感心したのですが、バフェットのような超のつく金持ちなら冒険もできるでしょうが、私はふつうのサラリーマンです。頭の中では『買い相場かもしれない』とわかっていても、やはりこのタイミングで買うことはできませんでした。

その後、半年くらいでトヨタ株は上昇して4000円を付けるようになり、『あの時、2000円台で買っておけば』と後悔したのを、今でもよく覚えています。

そしてそれから約1年後でした。

2010年の後半に、トヨタ株がふたたび3000円を切って2000円台を付けるようになりました。この年の2月、リコール問題でトヨタ社長がアメリカ議会に呼ばれ、翌年10月にはタイで洪水問題が発生したのです。

『今度こそ』という感じで、この時に、やっと2000円台でトヨタ株を買うことができました。それも1年以上かけて何回かに分けて安い値段の時に拾ったので、なかには2500円という安値で買えたものもあります。リーマンショック直後の段階――つまり2008年に3000円を切った段階では勇気がなくて買えずに、後で悔《くや》しい思いをした。だからこそ、ふたたび巡ってきた機会を逃さずに、決断に踏み切れたのだと思います。アメリカのリコール問題やタイの洪水問題は一過性の問題であって、トヨタの基礎体力には大きな変化はないと考えたのです」

その後、トヨタの株価は2013年12月末時点で6420円をつけるに至っている。

■機関投資家が陥る罠《わな》

バフェットの有名な言葉に「どれだけ才能があろうと、そしていかに努力しようと、成就するまでに一定の時間を必要とすることがある。早く子供が欲しいからといって9人の女性を妊娠させても、1カ月で赤ん坊は生まれてこない」というのがあ

る。（注22）

どんなに有望な投資先であっても、そしてそれに絶妙なタイミングで「買い」を入れたとしても、その投資が正しかったと判明するまでには、一定の時間が必要である。往々《おうおう》にしてマーケットはすぐにはフォローしてこないものなのだ。フィリップ・フィッシャーも同じような認識から3年ルールを設定した（第1章39ページ）

個人投資家が機関投資家に対して優位に立ちうるのは、長期投資をして「子供」が生まれるのを待っていられるから。

機関投資家は、そういうわけにはいかない。多くのファンドマネージャーは四半期ごとに運用成績を評価されるから、短期的に運用成績を上げることへのプレッシャーはかなりのものがある。「子供」という有望な投資の成果が生まれるまで待つことができず、意に反して、売らざるをえなくなることも少なくない。

機関投資家が陥《おちい》る、もう一つの罠《わな》は、皆で同じような行動を取ってしまう傾向にあるということだ。ライバルである他のファンドマネージャーの運用成績を下回らないようにするために、皆が買っている銘柄を買い、皆が売っている銘柄を売る……。

こうした傾向がどうしても出てしまいがちだ。ファンドマネージャーといっても、しょせんは雇われの身。皆で同じような行動をすれば、少なくとも自分だけがクビになることはない。

機関投資家が陥るこうした罠について、ジェレミー・グランサム(注23)はこう総括している。(注24)

「投資することを職業としているプロ投資家たちの最大の問題は、彼らが(クビにならないようにと)自分の身を守ることを第一に考えるということだ。第二の問題は、彼らが管理されすぎているということ。その結果、上司の前で忙しく働くそぶりをしたりする。これに対して個人投資家は他が何をしていようとかまうことなく、忍耐強く待つことができる」

もっとも個人投資家にとってのマイナス面もあるので、それを自覚しておくことも必要だろう。自分一人で考える個人投資家に対しては、正面から反対意見を言ってくれる人がいない。客観的にものごとを見られなくなって、ひとりよがりに陥ってしまうリスクがある。

要するに個人投資家は、一時的な感情に支配されることのないように気をつけなければならないのだ。

■感情の奴隷

健全な投資には、おおよそ3つの不可欠な要素があると言われている。

知識、経験、そして3番目が感情の制御（コントロール）だ。

企業の本源的な価値をさぐる上では、会計や金融についての最低限の知識はどうしても必要だ（本書を読むことでそれらをある程度取得できるし、会計入門といった手軽な本もたくさん出回っている）。

「人間は学習する動物である」という点において、経験もけっして無視はできない。

しかし、それらにもまして大切なのは、感情を適切に制御できるかどうかだ。

ベンジャミン・グレアムが書いた『賢明なる投資家』の序文は、ウォーレン・バフェットが寄せている。その中でバフェットは、生涯にわたって投資で成功するためには何が必要なのか、を考えている。

彼は、並はずれたＩＱや非凡なビジネスの洞察力、あるいはインサイダー情報などは必ずしも必要なものではない、と言っている。必要なのは、意思決定のための健全な知性と、その知性による決断が感情によって左右されないことだと断じた。

投資の世界では「勝った負けた」が、「投資家のお金が増えたり減ったりすること」に直結してしまう。その結果、たいていの人は、自分の感情にひきずられてしまう。往々にして、買いの決定は気分の高揚時に衝動的になされ、売りの決定は気持ちが沈んで、恐怖が支配している時に起こりがちだ。

行動経済学、なかんずく行動ファイナンス論によると、人は利益から得る効用（満足）よりも、損失から得る負の効用（苦痛）のほうが大きい(注25)。だとすれば、本能のまま行動すると誤った決断をしてしまうかもしれない。

著名な投資家ジョン・テンプルトンは、人間の感情が株式投資において重要な要素となるとし、それゆえ投資を行なう上でもっとも危険なことはたった４つの単語で表現できるとした。その４つの単語とは「こんどこそ違う（英語では This time it's different の４つの単語となる）」という言葉であると指摘したのである。

感情に支配される投資家はたいした根拠もないのに「こんどこそ違うはずだ」と自分に言い聞かせて突っ走ってしまう。テンプルトンはそうした思い込みを戒め、投資家は、自分や他人が過去に犯した間違いから学ばなければならないと主張した。(注26)

■ケインズも苦労した株式投資

近代経済学の大家、ジョン・メイナード・ケインズは、学者としての顔ともう一つ、卓越した投資家としても知られている。

ジョン・メイナード・ケインズ

彼は投資家として試行錯誤を繰《く》り返すうちに、日々の金融市場の動きを的確に予想するのは困難だと悟《さと》るようになった。そして、企業の本源的価値を見極めることが重要だとの結論に達する。

ケインズは、バフェットの師匠格で「バリュー投資の父」と呼ばれるアメリカのベンジャミン・グレアムと同じ時代を生きるが、交流はなかったとされる。(注27)しかし二人の投資家としての到達点は同じだったようだ。

1915年、32歳のケインズは株式と通貨で投機を始める。(注28)ケンブリッジ大学を休職してイギリスの大蔵省で働いていた頃である（彼は公務員試験で全国第2位の成績だったそうだ）。ケインズが夢中になったのは、経済のあらゆる事象に統計的関係を発見することだった。

第一次世界大戦後、彼はイギリス・ポンドを対アメリカ・ドルでショートした（ポンド売りドル買い）。同時にポンドを対ドイツ・マルク、フランス・フラン、イタリア・リラでロングにした（ポンド買い、マルク・フラン・リラ売り）。そしてこの手法で大儲《もう》けした。

自信を持った彼は、1919年に、実質的には今日でいうヘッジファンドを設立するべく資金を調達。金の出し手は実父や義理の兄弟、親しい友人たちだった。

ファンドは1920年1月1日から運用を始め、2月の終わりまでに20％を超える利益を出した。けれどもイングランド銀行が突然金利を引き上げたことにより、翌3

月と4月には対ドルでのポンド売りで損失が出て、他のポジションの利益を帳消しにしてしまった。

ケインズが投機に夢中になっている間、世界は大戦後の好景気が一転し、激しい不況期に突入した。イギリスの失業率は4・5%から20%を超える水準に急拡大し、卸売物価は45%も下落、賃金も大きく低下した。ケインズのファンドも景気後退の波にのみこまれて深刻な危機に陥り、損失額はこれまでの利益の3倍に膨《ふく》らんだ。

彼は巨額の借金を負い、ファンドの純資産はマイナスとなった。すぐさま新しいファンドを作り巻き返しを図ったが、この手痛い失敗が後の彼の経済理論を構築する手助けとなっていったと言われている。

1920年代、大蔵省のアドバイザーを務めながらケンブリッジ大学に戻ったケインズは、講義を行なったり本や論文を出したりして過ごした。1923年、『貨幣改革論』を出版。「インフレの害とは富の分配が変わること。デフレの害とは富の生産が阻害されること」と説き、「したがって、インフレは不公平（unjust）であり、デフレは不得策（inexpedient）である。この2つのうち、より害が大きいのは、ドイツのような極端なインフレを除けば、デフレである」と主張した(注29)。

■3度にわたる破産の危機

ケインズは1946年に62歳で亡くなるまで、自ら設立したファンドや自分の個人資産の運用を積極的に行なった(同時にケンブリッジ大学キングスカレッジの基金の運用も1946年まで手がけた)。

彼は自分を「通貨や商品への投機をする科学的ギャンブラー」と考えていた。レバレッジ(借金をして運用資産を膨らませて投資を行なう)は危険だと知りつつも、自信家の彼は、「自分はどんな大災害も抜け目なく動いて避けることができる」と信じていた。その結果、市場が下落している時に、アルゼンチン産の小麦1カ月分の現物渡しを受けなければならなくなった、といった記録も残っている。

ケインズが積極的に投資活動を行なった時期、すなわち1920年から46年は、この間に1929年の大恐慌をはさみ、歴史上もっとも相場が難しく、かつ変動が激しかった時代だった。そしてこの間、ケインズは、1920年～21年、1928年～29

年、さらに1937年～38年と、3度にわたって破産しかけた。

特に1929年の大恐慌後には手元資金が底をつき、当時保有していた一番いい絵まで売ろうとした（惨《みじ》めな値段でしか買い手がつかなかったので結局のところ諦《あきら》めた）。

しかし1930年代に入ると、一転、ケインズは割安株を積極的に拾い成功を収めるようになる。1930年から36年までの間に彼は自分の純資産を23倍にも拡大させた（この間、アメリカの株式市場は3倍になり、一方で英国株はほとんど動かなかった）。そしてこの1936年が、彼の投資家としてのピークとなった。この時、彼個人の純資産は50万ポンド以上、今日のお金で4500万ドル（45億円）に達したという。

しかしその後、1937年～38年にかけて、3度目の破産の危機が彼を襲う。この時、彼は投資資産を62％も減らし、妻のリディアによれば「彼は鬱《うつ》になったり癇癪《かんしやく》を起こしたり」といった状況だったという。

それでもケインズは、最終的に40万ポンド、現在のお金にして17億円（32億円との説もある）ほどを残して、1946年に62歳で他界した（妻のリディアは彼の死後35年間も生き続け、1981年に88歳で他界した）。

■株式投資と美人投票

今、ケンブリッジ大学にはケインズが投資目的で買ったセザンヌやゴーギャンなどの名画が残されている。経済学の研究成果だけではなく、多くの財を残して死んだケインズの投資家としての道のりは、前項で見たように、けっして平坦なものではなく、失敗と挫折《ざせつ》が織《お》り込まれたものだったようだ。

市場は完全には合理的ではないと考えていたケインズは、『雇用・利子および貨幣の一般理論』（1936年）の中で、株式市場を新聞社主催の架空の美人投票にたとえて説明している。(注30)

「この美人投票に参加する者は100人の美女の写真の中からもっとも美しい女性6人を選ばなくてはならない。そしてこの投票に参加する者全員の平均的な意見に、もっとも近い投票をした者が勝者とされる」

つまり各投票者は自分がもっとも美しいと思う女性の写真を選ぶのではなく、他の投票者が誰に投票するかを予測して、その予測に従って写真を選択しなければならないというわけだ。

才気溢《あふ》れるケインズはもっとも美しい女性を選ぶ自信はあったが、マーケットの参加者がこの美しい女性を見過ごしてしまうことも多いと考えたようだ。

『一般理論』を世に出してから1年後。1937年の半ばにケインズは心臓発作を起こした。この年の終わりから翌年にかけて相場は大きく下落。イギリスとアメリカの経済はふたたび不況に陥り、ヨーロッパでは戦争の暗雲が漂《ただよ》いはじめた。

こうした状況になると、レバレッジ（借金をして投資資金を膨らませていたこと）がケインズを苦しめるようになる。1937年9月に、彼は友人への手紙で「借りた資金で強気を張り続けるのは嫌だ。借り入れを減らすのは、骨の折れる難しい作業だ」と書いている。

このように投資家としての彼の人生は苦難や波乱を伴《ともな》ったものだった。しかし、それでも彼は投資というゲームをやめなかった。輝くばかりの知性と、かみそりのように鋭い頭脳を持っていたケインズは、投資とは自分の頭脳や直観で市場に立ち向かうことだと信じていた。そして何よりも、その行為を好んでいたのである。

■「買いそびれ」の失敗例

さてフィッシャーにしても、バフェットにしても、そして相場師の是川銀蔵や本章に登場したケインズにしても、成功した時のパターンは基本的に同じだったことがわかる。

「優良株を見抜き、それが安くなったところで買いを入れる」というものだ。

しかし「言うは易《やす》く行なうは難《かた》し」である。買おうと思っていた優良株が、見ているうちにどんどんと市場で値を上げてしまい、結局は買えない水準になってしまった……。こんな悔しい思いをした人も多いと思う。

私自身の経験をお話ししよう。

いったん経営破綻した後、再上場した日本航空（JAL）がその例だった。

2012年9月。経営破綻に伴う上場廃止から2年7カ月ぶりに、日本航空が東京証券取引所第1部に再上場した（初値は3810円）。

私はこの段階から再上場後の日本航空に関してはニュースを見ていた。競争相手の全日空は「破綻でJALは多額の債務が免除され、欠損金の繰越《くりこし》で法人税の減免も受けている。フェアな競争になっていない」と主張。これは裏返せば「全日空がフェアでないとして挙《あ》げているポイントは、すべて日航株主にとってはプラスになっている」ことを意味していた。売上高とか営業利益などの数字をチェックしてみると、株価は割安に評価されているように計算できた。

しかし私としては、日本航空を再上場させる上での原動力となった稲盛和夫《いなもりかずお》会長が去った後のことが気になっていた。はたして日航は企業文化を変えることが、ほんとうにできたのだろうか。新しく社長に就任した植木義晴《うえきよしはる》氏は、剣戟《けんげき》の大スター、片岡《かたおか》千恵蔵《ちえぞう》の息子。日航初のパイロット出身の社長としてマスコミを賑《にぎ》わしていたが、経営手腕については、「稲盛氏が選んだ」ということを除けば、未知数だった。

このため私は、関心をもって日航を見てはいたが、買えずにいた。そんな中、翌2013年2月6日のことである。日経新聞夕刊に掲載された小さなコラム記事が目を引いた。「こころの玉手箱」と題されるコラムだったが、植木社長がニューヨークの投資家を訪問した時のことを自ら執筆していた。

「別れ際に『Last 10 minutes for you（あと10分、ご自由に発言を）』と求められた。『ウチの株を買ってもらえるか、これで決まるな』。そう確信すると用意した収支計画書ではなく、自分なりの言葉で会社の将来像を伝えようと努力した。地域におわびをしながら2割強の路線を整理したこと、4万8千人いた社員の約3分の1が会社を去ったこと、そして空の安全に終わりはないこと――。伝えたかったのは再建への誓いでもある。だからこそ私たちは慢心してはならない」

この時の日航の株価は4050円。(注31) 3日前の株価は、3700円台だった。

翌朝私は4000円で指値《さしね》（この値段になったら売買してくださいと注文を出すこと）の買い注文を出したが、株価は上がり続け、4000円を付けることはついになかった（2013年12月末現在5190円）。

指値注文にせず、成行《なりゆき》注文（値段を指定せずに注文を出すこと。成行の買い注文はその時市場で出ている一番低い売り注文に対応して即座に売買が成立する）にしていれば「買えたのに」と悔やんでみても後の祭り。

わずかの差を気にして中途半端なスタンスで臨《のぞ》むと「買いそびれ」てしまう。そんな失敗の一例だった。（もちろん深追いして、さらに高くなったとしても、その段階で買うこともできた。しかし私としては、フィッシャーの15原則の第1番目の「潜在力」のところが気になって深追いは控えた。4000円では割安に思えたが、ピーター・リンチの言う「テンバガー」〈65ページ〉になるとの確信は持てなかったし、今でも持てないでいる）。

■明日死ぬかもしれないとの思い

「優良株を見抜き、それが安くなったところで買いを入れる」ことの難しさ。それは、前述のJALのように「株価が右肩上がりで推移し、どんどん上がっていってしまう時には結局は買えないで終わってしまう」ことにほかならない。

もちろん、こういった局面、すなわち株価が右肩上がりで推移してきている局面で、「目を瞑《つむ》って思い切って買いを入れる」ことも可能だろう。

しかし、それには相当の勇気と自信がいる。「高値掴《づか》みではないか」とか「ここから先は下がる一方ではないか」という不安がよぎってしまうのだ。この不安をかき消すには、数字で企業の本源的価値をできるだけ正確に計算するのが一番なのだが、実際にはいろいろな要因が作用してしまい、簡単にはいかない。

アップルの株を例にして、ふたたび「私のケース」をお話ししよう。

私がアップル株に最初に興味を持ったのは、2005年6月。創業者スティーブ・ジョブズがスタンフォード大学の卒業式で感動的なスピーチをしたとの話が伝わってきた時のことだ。(注32)

この時のアップルの株価は35ドル。1年前に比べて2倍以上になっていた。株価が2倍になったといっても、売上高の伸び率などからみて、当時の株価はまだ相当割安に評価されているように思えた。数字から判断するかぎりは「買い」だったが、創業者スティーブ・ジョブズの健康問題が気になって、結局この時は買えなかった。当時ジョブズは膵臓《すいぞう》がんから劇的に回復、復帰したとはいうものの、新聞はジョブズの回復が完全なのかどうか、いろいろと噂《うわさ》を報じていた。

次に私が「買い」を検討したのは、２００７年1月。アップルが社名を、それまでの「アップルコンピューター」から「アップル」に変更した時だった。株価84ドル。しかしこの時もジョブズの健康問題が気になりふたたび「買い」を見送ってしまっている。

最終的に２０１０年5月に２６１ドルでアップル株を購入した。最初に「買い」を検討した時に比べれば、約7倍。ずいぶんと高くなってしまっていた。

どうしてこの時買うことにしたのか。それは、私がこの段階で、スティーブ・ジョブズの健康問題に対する見方を、１８０度変えたからにほかならない。

ジョブズあってのアップル。それまでの私は、ジョブズの健康が悪化したらアップル株はどうなってしまうだろうと恐れて、買いに踏み切れないでいた。しかしアイフォーン（iPhone）、アイポッドタッチ（iPod touch）など次々に新製品を発表するアップルを見て、こう思うに至ったのだ。

「深刻な健康問題を抱えて『明日死ぬかもしれない』と思うからこそ、ジョブズは超人的な力を発揮して、革命的な製品の開発に邁進《まいしん》しているのではないか。自分がいつ死ぬかもわからない。だからこそ彼は、自分が死んだ後もずっと人々に愛され続ける製品を世に送り出したいんだ。アップルの驀進《ばくしん》の裏には、毎朝、鏡で自分の顔を眺めて『今日が人生最後の日かもしれない』と思うという経営者の狂気ともいうべき「強い思い入れ」の感情がある。投資家の立場からすれば、ジョブズの健康問題のネガティブな面だけを見て評価するのは正しくない」

こう思って261ドルで買った株は、その後、ジョブズの魂《たましい》を受け継いだように彼の死後もしばらくの間、上がり続けた（2013年12月末現在561ドル）。

■「高値摑み」を避ける方法

さて右肩上がりの中で結局買えなかったJALの例と、遅れて買えたアップルの例をご紹介したが、多くの読者も似たような経験をしているか、あるいはこれからするようになると思う。

「今このレベルで買うというのは、もしかすると高値摑みをしてしまうのではないか」

「ここから先は下がる一方ではないか」

こうした不安や焦りは、株式投資をした人であれば誰しも経験のあることだろう。企業の本源的価値を測ろうと、いろいろと試行錯誤を重ねて計算してみても、いざ買うとなると不安になってしまう。

第1章で述べたように、フィリップ・フィッシャーは「株を買う時にやるべきことをきちんと行なってさえいれば、その株を売るべき時期というのは、ほとんど永遠に来ない（almost never）」と言っている。「高値掴みを避け、割安に買う」というのは、株式投資において基本中の基本であることがわかる。

高値掴みを避ける――このための手っ取り早い方法をいくつか挙げてみよう。

第一に、社会全体が狂騒とでも言うべき熱気に覆《おお》われていないかどうかをチェックしてみることだ。もしもあなたの職場で、誰もが株式投資の話に花を咲かせるようになったら、黄色（注意）の信号が点滅し始めたと考えたほうがいい。書店に株式投資の本が並ぶ時も要注意だ。

ケネディ大統領の父親は、ウォール街の路上で靴磨きの少年が株について語り始めるのを聞いて、「こんな少年までもが株の話をしている。これは異常だ」と考えたという。

第二の方法は、買おうと思っている会社の「株価」を、その会社の「利益」と比べてみることだ。会社が上げようとしている利益に比べて、株価が高すぎれば「要注意」ということになる。利益は、営業利益でも純利益（税引後当期利益）でもかまわない。一般的には1株当たりの純利益を株価と比較する方法がとられている。「株価」が「1株当たりの純利益」の40倍もあれば、その株価は高すぎると疑ってみることだ（平均値はだいたい14倍くらい（注33）。業種によって違う）。

ところで、この倍率の数字は「PER（ピー・イー・アールと読む）」と呼ばれている。日本語で、株価収益率（注34）。いちいち計算しなくても、毎週土曜日の日本経済新聞（「株式週間高低」の欄）や、週刊で発行されている新聞「日経ヴェリタス」に、各社の株価とともに載っているので参考にしてほしい。地域によっては、これらの新聞が入手しづらいかもしれない。そんな場合はパソコンで「Yahoo! ファイナンス」のページを開き、各社ごとの株価のページを覗いてみてほしい。そこにＰＥＲの数字も載っている。日経会社情報のサイトに入ってみても良いだろう。（注35）

■バブルの時代の記憶

80ページで紹介した投資家ジョン・テンプルトンは、「相場は悲観の中に生まれ、懐疑の中で育ち、楽観の中で成熟し、幸福感の中で消えていく」との有名な言葉を残している。これはバブルの生成と消滅を形容する言葉と理解することもできる。

平成バブルの頃、今となっては信じられない話だが、日経平均株価指数のＰＥＲは60を優に超えていた。そして証券会社系のアナリストやエコノミストたちは、そんな状態でも全然おかしくはないのだ、というレポートをたくさん発表していた。「みんなが持ち合いをしている日本株の特殊事情がＰＥＲを押し上げている」といった内容のものが多かった。

政府（経済企画庁）が作成した「経済白書」（平成元年度版）でさえ、「我が国のＰＥＲが高いのは、かなりの程度、金利差や株式の持ち合いの違いを反映したものである」と説明していた（白書の第4章第2節）。

バブルの最中には、バブルの中にいることになかなか気づかないと言われているが、「PERが常識を超えて高すぎる」ことに気づいた人は少なかった。その結果、バブル経済時の最高値の日経平均株価3万8915円で株を買った人は、四半世紀たった今でも傷ついたままでいることが多い。

当時、日本のPERが異常であることに気づき、これに警鐘《けいしょう》を発し続けた投資家もいる。78ページで紹介したジェレミー・グランサムもその一人。2013年3月、74歳の彼は、経済専門TVチャンネル「ブルームバーグ　テレビジョン」の人気番組「チャーリー・ローズ・ショー」に出演した。そして当時の状況をこう振り返った（以下、一部意訳している）。

「私は投資顧問会社GMOを1977年に設立。現在では1000億ドル（10兆円）を超える資産の運用に関与している。1980年代後半の日本は運用の世界にいる者にとって大きな意味を持っていた。われわれが扱うファンドは『ベンチマーク』との比較で顧客に評価される（ベンチマークには株価指数などの指標が使われる）。当然のことであるが、ファンドがベンチマークを上回るリターンを上げれば、顧客はハッピーであり、下回れば時に顧客によって解約されてしまう。

何をベンチマークとするかはファンドの性格によって異なるが、当時われわれが扱っていたファンドのベンチマークの60％が日本株の指数によって構成されていた。そこで多くの競合ファンドは、日本株を組み入れて運用していた。そのほうがファンドのパフォーマンス（運用成績）が高くなるからだ。

しかし当時日本株のPERを計算してみると、65倍だった。しかも日本では歴史的に見て1982年頃まではPERが25を超えたことがなかった。私は、これではとても買えないと思って日本株をいっさいファンドに組み入れなかった。まったくのゼロだ。

その結果、何が起きたかというと、われわれが扱っていたファンドはベンチマークに比べて10％も運用利回りが悪くなった。しかもこれは3年間も続いた。顧客は不機嫌になったが、われわれは『どうして日本株を買えないか』をきちんと説明した。

もちろん、最終的にはわれわれの顧客は大満足することになった。日本株が下落する過程でファンドが傷つくことはいっさいなかったからだ」

■宴《うたげ》は続かない

株式投資において厳《げん》に慎《つつし》まなければならないのが、高値掴みである。やっかいなことに、バブルの最中には、バブルの中にいることになかなか気づかない。ジェレミー・グランサムは日本の平成バブルを巧《たく》みに避けたばかりか、1999年のITバブル、2006年のアメリカ住宅バブルについても、事前にバブル到来の警鐘を発していた。

経済TV番組「チャーリー・ローズ・ショー」に出演した時の彼の発言を、もう少し追ってみよう。

「日本がバブルに熱狂していた頃、皇居の土地の値段はカリフォルニア州全体の土地の値段よりも高いと報じられた。にわかには信じがたい報道だった。そこでわれわれの会社ではみんなで手分けして、まる2日かけて調べ上げた。そうしたらなんと驚いたことに、この報道は本当だった。東京の土地の値段はそれだけ高かったんだ！」

要は、他人の言うことや報道を鵜呑《うの》みにしない。実際に自分で手間暇かけて数字を検証してみる。そして常識に照らし合わせて考えてみる――こうしたステップを踏むことが重要だということだろう。

平成バブルの頃、20歳だった人も今では45歳。この年代以下の人にとってはバブルと言われてもピンと来ないのかもしれない。日産の高級車が売れに売れたので「シーマ現象」という言葉がマスコミで躍り、グルメブームの名の下に世界中の高級エビが高値で輸入されて、日本人の胃袋を満たした。ニューヨーク・メトロポリタン、ミラノ・スカラ座、ドイツ・バイエルン国立歌劇場の三大歌劇場がそろって日本公演を実現しただけでなく、ボリショイ・オペラもウィーン国立歌劇場も日本にやってきた。いずれも一枚3万円を超えるチケット（なかには5万円のものも！）が発売と同時にほぼ完売といった状況だった。

サラリーマンは夜遅くまで、2次会、3次会へと場所を変えて飲み歩き、終電が出た後にタクシーで帰ろうと探しても、空車が見つからないといったありさま。ゴルフ場の開発計画が相次ぎ、名門コース「小金井カントリー倶楽部」の会員権は4億円を

超えた。（注36）

ジェレミー・グランサムは「歴史に学ぶことが重要だ」と説いている。17世紀のオランダ・チューリップバブルだろうと、18世紀のイギリス・南海泡沫《ほうまつ》事件だろうと、彼によれば「すべてのバブルは崩壊してきた」。宴は永遠には続かないのだ。

「ITバブルの時にはわが社（GMO社）のなかでも、今度は違う、新しい黄金時代(Golden Era）が始まるんだと信じていた人が多かった。FRBのグリーンスパン議長（当時）もそういった発言をしていたしね。けれどもそんなことはなくて、やっぱりバブルは壊れたんだ」

■M＆Aが市場を効率化させる

ケインズは、たとえ美人（割安株）を見つけても、市場がそれに気づいてくれないことには、投資家として良い成績を残すことができないと考えていたようだ。市場が割安株に後追いで気づいてフォローしてくれるためには、市場が効率的であることが重要になってくる（100％効率的だとすると、そもそも最初から割安株など存在しないことになってしまうのだが……）。

ところで、日本の株式市場は、アメリカに比べていまひとつ効率的でないと思われている。このことの理由の一つとして、M&A（企業買収・合併）が活発でないことを挙げる人が多い。

どういうことだろうか。一例を挙げて考えてみよう。

日本たばこ産業（JT）は2007年、2兆3000億円を投じてイギリスのたばこ会社ギャラハーの全株式を買い取った。ロンドン証券取引所に上場されていたギャラハーは上場廃止となり、JTの子会社となった。

M&Aにおいては、ギャラハーの株を「1株いくらで買うか」がもっとも重要なポイントだ。いったいその企業にいくらの価値があるのか、売り手と買い手とが、時に数カ月とか半年といった長い期間をかけて交渉する。売買の交渉に際して当事者が参考とする企業情報も、公式に公表されたものだけに限らず内部情報も使われる。

売り手は少しでも高く、買い手は逆にできるだけ安くと、交渉を重ねるのだが、その結果得られる価格（=株価）は、双方が最終的に納得したものであって、それなりに信憑性《しんぴょうせい》のある価格と考えられる。

一方、毎日証券取引所で取引されている株価はどういう性格のものだろうか。売り手と買い手が、その価格で折り合って売買が成立する、という点においてはM&Aの場合と同じだ。しかし毎日の取引で売買されるのは、その企業の発行済み株式のわずか0・4%程度。ベースとなる企業情報も、公表されたデータだけだ。

たとえて言えば、M&Aでの株取引ではジュースをまるごと1缶買うのに対して、毎日の証券取引所での株取引はそのジュースをたった1滴か2滴味わっただけで、全体を評価して売買しているようなものだ。

M&Aが頻繁に行なわれない株式市場はあまり効率的でないとよく言われるのはこの点にある。時としてジュースを缶1本空《あ》けて飲みほさないと、そのジュースの味、本当の価値はわからない。1滴や2滴を味わっただけで、1缶全体の味を評価し続けるというのは、いくら味に敏感な人でも限界があるということなのだ。

■投資を信託する際のポイント

世の中には、自分で投資先を選んで株式を買うのではなく、運用それ自体をプロに任せてしまう人も多い。投資信託の購入である。

アメリカでバークシャー・ハサウェイの株を買う人も、バフェットという稀代《きたい》の投資家に、自分の資金の運用を任せていることにほかならず、投資信託を買うことに等しいと言えるだろう。

実際のところ、日本で普通に販売されている投資信託の中には、ベンチマークとなる日経平均株価などの指数をはるかに上回る成績を上げているものも多い（もちろん下回るものも同じくらい多い）。

幸運にもこういった好成績の投資信託を購入できた人は、それを勧めてくれた営業マン（レディ）に感謝すべきだろう。彼や彼女は、おそらくあなたが購入した金額の3％程度の手数料（販売手数料もしくは申込み手数料と言われる）を取っているだろうが、運用成績ランキング表の上位に上がってくる投資信託は、この種の手数料を払った後でも、充分に余りあるリターンを投資家にもたらしてくれる。ただ問題は、こういったランキングは過去から現在までの成績表であって、将来もそうなるとは限らないことだ。

日本では、アメリカに比べて投資信託がまだまだ利用されていない。ファンドの残高は、アメリカの13・86兆ドルに対して、日本は74・8兆円。(注37) 1ドル100円で換算して、国民1人当たりの残高に直すと、アメリカ437万円に比べて、日本は58万円にしかならない。しかも日本の特徴は、投資信託の平均保有期間が1・7年(注38)と圧倒的に短いことだ(アメリカ3・5年(注39))。

証券会社(もしくは銀行)の営業マン(レディ)にとってみれば、投資信託は売った時に手数料が入る仕組みになっているから、少しでも儲かっている顧客に対しては「今売ればこれだけ儲かりますよ」とばかりに解約させて、別の投資信託を勧める。

こうした「回転売買」をすればするほど、営業マン(レディ)が儲かり、あなたの貴重な資産は目減りしていくので、注意が必要だ。

「自分で株を買うのではなく、プロに任せたい」と思う人も、投資信託を購入する際には、次のポイントをチェックしよう。

①今買うのは適切なタイミングかどうか。相場が高い時に買うと基準価額も高くなり、高値掴みにつながる。これから相場が下落するのであれば、投資信託の基準価額も買った後に下落してしまう可能性が高い。
②運用を担当しているファンドマネージャーは、実績のある人かどうか。親会社の銀行や証券会社から派遣されてきたようなサラリーマン・マネージャーは避けたほうが無難だ。投資信託を購入する場合、販売手数料（申込み手数料）、信託報酬（管理運用報酬）、信託財産留保額などの手数料がかかる。これだけの手数料を払うに値する手腕がファンドマネージャーにあるのかどうかを考える。
③手数料の安いノーロード型投資信託、もしくはＥＴＦ（後で説明する）を代わりに買うことを検討したかどうか。「リスク分散になりますよ」といった甘い言葉に惑《まど》わされて投資信託を買うのであれば、ＥＴＦなどの商品で充分代替できることを知るべきだ。

■マドフ事件

最近では証券会社営業マン（レディ）の名前を騙《かた》った金融詐欺《さぎ》事件も頻繁に起きている。架空の投資信託の説明書が立派に印刷されて投資家のもとに送られてくることも多い（本物の投資信託のパンフレットよりも上質の紙にカラー印刷されていて、十数ページが製本されて立派なパンフレットに仕上がっている）。

株式投資の話からはちょっと脱線してしまうが、「自分は引っかからない」と思っている人ほど詐欺には引っかかりやすいので、ここで簡単に触れておこう。

一般的に言って、日本人は「将来」ではなく「今」を信じる傾向にある。お金については特にそうだ。目の前にある、たしかな、ちゃんとした手触りのあるお金だけが信用できるのであって、銀行預金や郵便貯金が人気を集めるのも、そういったゆえんだ。

詐欺師が狙いをつけるのは、まさにこの点。一見堅実そうに見えるこうした日本人の特性に狙いを絞る。

あまりにも単純で馬鹿げていて、ちょっと考えれば騙されていることがわかりやすそうなのに、コロッと引っかかってしまう。典型的な手口は、次のようなものだ。

「元本保証で今どき珍しい年○％の高利回り。配当は毎月振り込まれます」

この詐欺のポイントは、毎月必ず、たしかな手応《てごた》えのあるお金が現実に支払われる、という点にある。そして事実、当初はその金額が指定の銀行口座に振り込まれてくる。

「よしよし、ちゃんと約束通りに金が手に入った。実際に配当が支払われたのだから将来も支払われるに違いない」

そう思い込む人たちはある日、配当が期日通りに支払われていないことに気づき、場合によっては元本も消えてしまっている詐欺であったことを知らされる。

一方、「今、わが社に100万円預けてくれたら5年後に200万円にしてみせます」という勧誘には、日本人はあまり乗らない。「5年後」という将来には価値をおかず、「今」を保証してくれなければ信用できないとするのが日本人なので、毎月毎月という「今」、現金が一定額振り込まれるスタイルに惹《ひ》かれてしまう。

アメリカで起きた史上最大の詐欺事件、マドフ事件も似ていた。バーナード・マドフはナスダック（NASDAQ）証券市場の創業メンバー。1990年から93年までナスダックの会長も務めた。

彼は10％ほどの高利回りの配当を出すとして主として富裕層から数十年以上にわたって資金を集め、実際に配当も行なっていたが、これは別の出資者から新たに集めた資金を以前からの出資者に回していたにすぎなかった（ポンジ・スキームと呼ばれる一種のねずみ講）。一説によると被害総額は6兆円とも言われており、被害者のリストには映画監督のスティーブン・スピルバーグなど著名人が名を連ねる。2009年、アメリカの地方裁判所は彼に対して、150年の禁固刑の判決を下している（現在服役中）。

■グロソブ狂想曲

毎月現金が振り込まれるのを好むという日本人の特性に着目して開発されたのが、毎月分配型の投資信託である。2011年の段階で、投資信託全体に占める毎月分配型のシェアは70％近くに達した。(注40)

「グロソブの聖地」と呼ばれた島が瀬戸内海にあったことをご存知だろうか。壺井《つぼい》栄《さかえ》の小説『二十四の瞳』の舞台となった小豆島《しょうど》だ。

グロソブ、正式名称は「グローバル・ソブリン・オープン」。東京の国際投資顧問という運用会社が1997年12月に作った投資信託で、設定当初は約155億円ほどだった純資産残高（運用資産）が約10年後の2008年8月には約5兆7000億円に膨れ上がったお化けのような大ヒット商品である。

グロソブは全国的によく売れた。なかでも小豆島でとてつもない売れ行きを見せ、いつしかこの島は「グロソブの聖地」とも「グロソブの島」とも呼ばれるようになり、全国の新聞、雑誌、テレビ番組で取り上げられた。

住人の30人に1人がグロソブを購入し、人口わずか3万人の小豆島で投資総額は100億円を超えた。1人当たりの平均投資金額が1000万円なので、すごいものだ。

65歳の高齢者が3割以上というこの島で、なぜこんなに売れたのか。直接のきっかけは島に支店を持つある証券会社が懸命に売り込んだため、とされているが、もともとと小豆島の住人には比較的金持ちが多く、多額の金融資産を持ちながら寝かしたままにしているお年寄りがたくさんいたとの説もある。「小豆島でグロソブが売れている」との噂が広まると、他の証券会社も販売攻勢をかけてきた。1998年12月からは銀行の窓口でも投資信託が販売できるようになり、証券会社以外の金融機関もグロソブの売り込みにやっきになった。

グロソブは一言で言うと、欧米先進国の国債などに投資して外貨建てで運用する投資信託。運用して得た収益を、分配金の形で毎月投資家に支払う。年金や生活費を補《おぎな》ってくれる商品としてお年寄りの人気を集めた。

セールスポイントは「高格付けの欧米先進国の債券に絞って投資するので安全性が高い」という点。各国政府が発行している国債などをソブリン債と呼ぶことから「グローバル・ソブリン・オープン」の名がつけられた。設定当初は日本の低金利と違って欧米先進国の金利は比較的高く、かつ為替も1ドルが110円とか120円のレベルにあったから、運用は順調に推移した。金利も為替も追い風となって働き、「1粒で2度美味しい」といった状況だったのだ。

しかしリーマンショック（２００８年9月15日）を機に、欧米先進国は金利を下げ、為替も円高に振れて、状況は一変。グロソブの基準価額は１カ月で約20％も下落してしまう。

そんな激震の中、２００８年10月30日、朝日新聞は「グロソブの島」小豆島の記事を載せている。そこには「こんなはずではなかった」と頭を悩ます島民たちの様子がレポートされていた。コツコツと貯めた１０００万円をすべてグロソブに投資したものの、約２５０万円の含み損を抱えてしまった70代の男性は「グロソブの仕組みは今もわからない。死ぬまで持ち続けるしかない。辛抱するしかない」と話していたという。

ここから先はやや専門的になるので読み飛ばしていただいても結構だが、１９９７年12月に設定されて以来、２０１３年７月末までのグロソブの騰落率は、通算54・９％（分配金を、税金を考慮せずに全額再投資できたと想定して計算）。この間、ベンチマークのシティグループ世界国債インデックスは74・７％上昇しているので、ベンチマークに負けてしまっている。(注41) しかも実際には分配金には税金がかかり、なおかつ同じ条件で再投資することなど現実にはできないので、54・9%という数字自体の持つ意味をよく吟味する必要がある。

朝日新聞の記者に「グロソブの仕組みは今もわからない」と発言したという70代の男性の嘆きは、けっして他人事《ひとごと》ではすまされない。われわれはもう一度ウォーレン・バフェットの言葉を戒めとして胸に刻みつけておきたい。

「わからないこと、わからないビジネスに投資をするようなことは、けっしてしてはいけない（Never invest in a business you cannot understand）」

■日本人が食わず嫌いのETF投資

「今週末の16日に衆議院を解散してもいい」

2012年11月11日、党首討論で野田佳彦《のだよしひこ》首相（当時）がこう発言してから、8600円台だった日経平均株価は上昇し始める。この時からその年の年末にかけて、何人かの外国人投資家が私のところにも訪れてきた。ニューヨークで活躍するヘッジファンド・マネージャーもいれば、中近東で有数の大富豪もいた。

日本株がどうなるか。その情報収集の一環として来日ついでに私のところにもヒアリングに来たのだろう。話してみると、むしろ彼らのほうが、私の知らない日本についての政治・経済情報をたくさん持っていた。私のところに来る前に、日本の政財界や金融界の要人と会って、すでに情報をしこたま仕込んでからやってきたのかもしれない。

10年ほど前、私がまだ外資系投資銀行に勤めている時にも同じようなことをたびたび実感した。彼ら外国人投資家の情報ルートの多様さ、パイプの太さには、まったくもって驚愕《きょうがく》させられる。

しかもわれわれ日本人が見落としがちなのは、彼ら外国人投資家は、おそらくは彼らの間で日本の情報を緊密に交換し合っていることだ（個人的な印象なのだが、特にユダヤ人同士はマメに情報を交換し合っているように思う）。

いずれにせよ２０１２年の暮れ、私は外国人投資家たちに、与える以上に、彼らから日本のことを学んだ。

そして、そのいずれの情報もが、これから先、日本株が全般的に上がっていくことを示唆《しさ》していた。

このような局面、つまりマクロ的に見て、マーケットがかなりの確度で全般的に上がっていくと思われる時には、いたずらに個別株を吟味して時間を浪費するよりも、手っ取り早く、マーケット全体が上がることに賭けて相場を張ったほうがいい。

具体的には「日経平均株価指数」とか、「東証株価指数（TOPIX）」に投資すればいいのだ。

どうするか。方法は2つある。日経平均株価やTOPIXに連動するインデックスファンドを買うのが、その一つ。インデックスファンドは手数料の安い投資信託と思っていただければよい。

もう一つの方法がETF（上場投資信託）を買うことである（私としてはむしろこちらのほうをお勧めする）。

ETFは、東証などの証券取引所に上場されているので、株式と同じように売買できる。具体的には日経平均に連動する「上場インデックスファンド225」（証券コード1330）、TOPIXに連動する「TOPIX連動型上場投資信託」（証券コード１３０６）などがある。アメリカのダウ平均株価指数に興味がある方は、これに連動するＥＴＦである「SPDR Dow Jones Industrial Average ETF」（証券コードＤＩＡ、ニューヨーク証券取引所に上場）を考えてみてもいいだろう。

ＥＴＦは証券会社で買うことができる。ネット証券を使えば手数料が安い（ふつうの株式の売買と同じ手数料率が適用される）。

実は日本ではあまりＥＴＦは知られていないし、残高も少ない。２０１３年８月末現在で残高６・４兆円。(注42)アメリカ１４３・８兆円の５％以下だ。

おそらくはＥＴＦを販売しても、投資信託に比して手数料をあまり稼げないので証券会社が勧めないのだろう。

このことは逆に言えば、ＥＴＦが投資家にとって有利なことを意味する。気弱な投資家はＥＴＦをもっと利用してもいいように思う。

第3章　気弱な人の「利食い」と「損切り」

■株は「買って、売る」のが基本

株は「買って、売る」のが基本である。5年後か10年後、あるいは20年後……。人によって違いはあるだろう。ただいずれは売ることになる。

もちろんそのまま持ち続けて、子供の代へと相続させる人もいる。第1章で書いたようにフィリップ・フィッシャーは48歳の時にモトローラの株を購入し、96歳で死ぬまで50年近くもモトローラ株を持ち続けた。

フィッシャーのように、息子たち(注43)の世代にそのまま持ち株を残すといった明確なシナリオがある場合は別だが、多くの人たちは「子供の教育資金のため」とか「老後資金のため」といった目的で株を買って保有する。つまり、いずれは売ることを念頭に株を買っているといっていいだろう。

この場合「長期保有だから」とか「売らなければ損にならない」といって、現実の値動きから目を背《そむ》けてしまうのはよくない。知らず識《し》らずのうちに多額の含み損を抱えてしまうことになりかねないからだ。

興味深いことに、個人投資家の多くは、持っている株が値上がりしている時には毎日でも株価をチェックする傾向にある。しかし値下がりして含み損を抱えたとたんに目を背けてしまう。

「もう見るのも嫌だ」

「株価をチェックしてどれだけ損をしたか計算すると、気分が滅入ってしまう」

こう言って現実から目を背けてしまうと、往々《おうおう》にして事態はますます悪化してしまう。長期保有の名目のもとに、やっていることは、というと、実は損が現実化するのを先送りしているだけだ。

個人投資家といえども、買った株は少なくとも2週間に1回、できれば1週間に1回は値段をチェックしたい。そして、たとえば買った値段に比して2割下落したら、縁《えん》がなかったと思って、きっぱりと売却する。そうすれば大けがをしないですむ。

繰《く》り返しになるが、買った株はいったいどのくらいの期間持ち続けるのか。5年か、10年か、20年か——。買う時にあらかじめ自分なりのイメージを持つことが重要だ。すでに述べたように、フィッシャーは「いったん投資した以上、3年間は持つ」という「3年ルール」を堅持した。これは同時に「3年経《た》っても自分が思ったような結果を投資先が生まない場合は、その時点で売る」ことを意味していた。

フィッシャーが投資で目標としていたのは、何年かかけて5倍もしくは10倍になる株を保有することだった。[注44] よって、「3年経っても思ったような結果を生まない場合」とは、3年経ってもその投資が（たとえ利益を上げていようと）5倍とか10倍になるといった「軌道に乗っていないことが明らかになった場合」を意味していた。彼はそのような場合には、さっさと売却することを信条としていたのである。

■なぜ、売りが難しいのか

80歳にしてエベレストに登頂した三浦雄一郎《みうらゆういちろう》は、著書の中で「エベレストの登頂率は30パーセント、遭難確率14パーセント、特に頂上に到達しての帰り道で5人に1人は死んでいる」とのデータを示している。[注45] 多くの登山専門家が指摘するように、山登りで本当に難しいのは上りではなく下り、下山なのだ。

株式投資も同じように難しいのは「買い」よりも「売り」、とくに相場が下がっていて、売れば損失となる場合の売りが難しい。自分で自分の失敗を認め、運がなかったことを悟《さと》る――。売るということは、上がる可能性の芽《め》を自ら摘《つ》んでしまうことを意味する。損をしている場合には損失を確定させる作業だ。だからこそ、つらいし、難しい。

競馬なら、そのレースが終われば最終的な結果に議論の余地はない。さらにゲームをつづけるためには、次のレースでどの馬に賭けるかを決めなければならない。そしてその日の最終レースが終了したら強制的にゲームは終わりだ。一方、株式市場では午後3時に終了のベルが鳴っても、現物市場は明日の朝まで凍結されるにすぎず、翌日には前日の終値《おわりね》からまたゲームが始まる。競馬とは異なるこのルールによって、株式が下落している最中でも多くの投資家はその銘柄を売ることができず、持ちつづけてしまう。

買い決定がゲームの開始だとしたら、売り決定は最終判断であり、買いの時のような心地良さを味わうことはできないことが多い。利益を出して売却するのは成功と失敗（株価がさらに上昇すれば失敗）の可能性を残しているが、損失を出して売却するのは失敗の判決の確定だ（しかももし株価がその後回復すれば2回の敗訴となる）。

自分の能力や判断に自信があって、自ら失敗を認めたくない人ほど、売りのタイミングを間違ってしまう。

フィリップ・フィッシャーによれば、そもそも買いが間違っていたと判明した時には売らなければならない。このような状況下での適切な処置は、多くの場合、投資家が感情の自己制御（セルフ・コントロール）をできるかどうかにかかっている。そして、彼はこのことを次のように結論付けた。(注46)

「（適切な処置を下せるかどうかは）投資家が自分自身に対して正直になることができるかどうか、その能力にかかっている」

■セイラーの「所有効果」

こんな実験がある。経済学者リチャード・セイラーたちがコーネル大学で行なった行動科学の実験だ。(注47)

セイラー教授たちは、あるクラスの学生たちを2つのグループに分け、片方のグループにはマグカップをプレゼントとして与え、もう片方には与えなかった。そして競売形式で次のことを調べた。すなわちマグカップを手に入れたグループは、お金をいくらもらったらそれを手放す気になるか、一方で、カップをもらっていないグループはカップを手に入れるのにいくらなら払っていいと考えるか――。

この実験の結果、カップを与えられたグループは平均して5・75ドル以下では手放さないのに対し、カップを持たないほうは2・25ドル以上では買おうとしなかった。つまり、カップの所有者はカップを持たない人よりも、自分のカップに2倍以上の価値があるとして考えていることになる。

そこから導き出されたのが「自分が保有している（または付与されている）物に対してつける売値は、自分が保有していない場合につける買い値よりも高い傾向がある」という結果だ。

これが「所有効果（Endowment Effect）」と名づけられた有名な法則で、われわれは、自分が所有しているものについては、特別な理由や論理的根拠がなくても、より高い価値を勝手に与えてしまう。

保有する株式の売りは、本質的にこの「所有効果」に抵抗することから始まる。マグカップの実験結果が示すように、たとえば市場で1万円の株価をつけている株式は、それを所有している人にとっては、往々にして1万円以上の価値があるように思えてしまう。誰しも人は本質的に売りが苦手なのだ。

所有効果の罠《わな》に陥《おちい》らないためには、どうしたらいいだろうか。

一つの方法は、投資家が持っている株に対して、売りと買いの両側面から、常に自問自答してみることである。具体的には次の問いかけをしてみてほしい。

「今、余分な金があったら、今の株価で、(今自分が持っているこの株を売りではなく逆に)もっと購入するだろうか」

この質問こそが、前述のマグカップ5・75ドルと2・25ドルのギャップを埋めるのに役立つ。今日の株価を見て、もしその銘柄を買う気が起きないのであれば、それはあなたがこの株が上がる可能性はさほど高くないと考えているからだ。だとすれば、あなたは今持っている株を保有すべきでなく、その株は売却しても惜《お》しくないということだ。

繰り返すが、今、今日の価格で同じ株を買うだろうか。ノーなら持っている株の売却を検討する、イエスならホールド（保有）となる。

■バルチック艦隊との戦い方に学ぶ

含み損を抱えて塩漬けになった株を持っていては、有望株を見つけようという意欲もわかず、積極的な買いを行なえない。塩漬け株の存在は、①その株がさらに下がるかもしれないというマイナス面と、②それがあることで動くに動けず、積極的な買いに入れないという機会費用の（注48）「二重苦」をもたらす。

買った時にはどんなに有望で価値があると思われた株であっても、そうでないことがわかったら、さっさと見切りをつけて売却してしまうに限る。そうは言っても、言うは易《やす》く行なうは難《かた》しと思う読者には、話は少しそれるが、バルチック艦隊との戦いの話をしてみよう。この戦いで日本軍を勝利に導いたのは、買った時にはどんなに高価であっても、戦《いくさ》に不要となったものは捨てるという思い切りのよさだった。

日露戦争の勝敗を決定づけた日本海海戦（明治38年）で、ロシアのバルチック艦隊を相手に日本の連合艦隊が最初にやったこととしてよく知られるのが、艦上に積み上げた石炭を捨てることだった。このあたりの生き生きとした記述は、司馬遼太郎《しばりょうたろう》の『坂の上の雲』に詳しく書かれている。(注49)

はるばるバルト海から回航してきたバルチック艦隊は、東シナ海を北上してウラジオストック港に入るべく日本列島を目指すが、彼らがはたして対馬《つしま》海峡を通過するのか、さらに北の津軽《つがる》海峡、または宗谷《そうや》海峡を通るのか、日本としては最後まで確証がもてないでいた。最短のコースは対馬海峡なのでこのコースの公算が大であるとして連合艦隊はそこの通過地点で待ち伏せするが、太平洋を進んで津軽海峡かさらに北方の宗谷海峡に進むというコースの想定も捨て切れず、その場合、連合艦隊は全速力をもって日本海を急ぎ北上し、バルチック艦隊が海峡を通過する前に海峡出口に到達していなければならない。ウラジオストック港に入られては、港内に残存するウラジオ艦隊と合流するという目的を許してしまうからだ。

そのために連合艦隊は、高カロリーで火力の高いイギリス産のカーディフ炭を特別に調達、各艦の上甲板《じょうかんぱん》に山と積み上げていた。あまりに積み上げたので砲台が回りにくくなってしまったほどだったという。火力が強いということはすなわち艦の速度が上がるということ。しかもカーディフ炭は火力が強いだけでなく、煙も少なかった。レーダーのない当時は敵艦を発見するのはもっぱら艦上に立つ見張りの役割だったが、通常、船影より煙が先に発見された。煙の多い石炭は艦の存在をさらすことになったのだ。また黒煙は味方同士の手旗信号を遮《さえぎ》ることもあり、実戦では危険とされていた。

高価で貴重なカーディフ炭は、バルチック艦隊が対馬海峡を通過すると確信された瞬間、一斉に海に捨てられた。スコップ1杯の石灰が天丼1杯の値段だったことから、「天丼1杯、天丼2杯」と叫びながら捨てていったという。もちろん、艦の重量を軽くして機動性を増すためである。金には代えられない、一大勝利のための重要な決断だった。

買った時は高価な石炭であっても、そのことを引きずってしまっては百害あって一利なし。連合艦隊の思い切りの良さは（ややこじつけになるかもしれないが）株式投資においても見習いたいところだ。

■「断捨利《だんしやり》」と「損切り」

人が悩むのは、見切りをつけなければならないということがわかっている時。どこかで見切りをつけなければいけないのだけど、それが「どこ」なのかがわからない時だ。

株もFX（外国為替証拠金取引）も、あるいは人によっては今いる会社や、経営者であれば成果の上がらない新規事業も、見切りをつける必要性に迫られることがある。しかしいったいどこで見切りをつけるのか……。そのままの状態をつづけていても状況はなかなか改善せず、むしろ悪化することも多い。だから、なんとかしなくてはならない。そのことが頭ではわかっていても、多くの場合、決断はずるずると引き延ばされてしまいがちだ。明日は今日の延長線にあり、酒を飲んで寝てしまえば、自分が迎え入れるか否《いな》かにかかわらず、嫌でも明日はやってくる。

所有する不動産、車、洋服、今住んでいる場所、勤めている会社……。「見切りをつける」あるいは「損切り」という考え方は、今後とみに重要になっていくはずだ。

なぜ損切りをすることが重要かといえば、私たちが生活していく上で二重に損をしないことが大切だからだ。たとえばつまらない本を買ってしまったことがわかった時点で、あなたは本の代金分、損をしている。それでも手放せずにずるずると読みつづけるのは、時間というもう一つのコストを失ってしまうことになる。お金を損した上に、時間まで二重に損をしてしまう。まずは、このことに気づくべきだ。

数年前のことだが「断捨利《だんしやり》」という言葉が流行《はや》って、ものを捨てることの重要性が広く認識されたことがあった（「断捨利」は2010年の流行語大賞にノミネートされた）(注50)。日本の場合、特に高齢者の方に、ものを捨てるのが不得手な人が多いという。ひとつひとつの「もの」に思い出が詰まっていたり、愛着心があったりして、なかなか捨てられない。結果、家がもので溢《あふ》れかえってしまう、あるいは家が狭くなってしまい、快適な生活ができない。

株式投資でも同じことで、含み損を抱えたままの塩漬け株は思い切って断捨利しないことには、身動きが取れなくなってしまうことになる。

■捨てることで株価を100倍にしたアップル

会社経営にしても同じことだ。あまり知られていないことだが、アップルが快進撃を続け、時価総額（=株価×株数で、企業価値を示す）世界1位の座に上り詰めていく過程では、創業者スティーブ・ジョブズが徹底的に「捨てること」を貫き通した。

21歳の若さでアップルを創業したスティーブ・ジョブズは、30歳の時に会社から追放されてしまう。その後、41歳の時に業績不振に陥っていたアップルに舞い戻り、会社の立て直しに専念した。

当時のアップルはかつてのジョブズがいた時と違って、製品のデザインにはまったく重きを置いていなかった。それだけでなく、なによりも会社からは情熱の炎が消えていた。ジョブズはこう回想する。

「想像をこえたひどい状態だった。みんな、長いあいだ、負け犬だと言われ続け、あきらめかけていた。もどった最初の半年は荒涼としたもので、僕でさえ、あきらめようかと何度も思ったくらいだ(注51)」

再建に際してジョブズがやったことの一つが「徹底的に捨てる」ということだっ

た。当時アップルはデジカメを作り（製品名「アップル・クイックテイク」）、プリンターを製造していた（製品名「アップル・スクライブ・プリンター」）。

「これらはキヤノンに作らせていればいい」

そう言ってジョブズはこれらの分野から撤退し、ＰＣに特化、アイマック（iMac）の立ち上げへとつなげていったのだ。

捨てるということは勇気が要る。

しかし、もしアップルがデジカメやプリンターを作り続けていたならば、今日のアップルはなく、アイフォーンやアイパッド（iPad）が生まれるのはもう少し先だったかもしれない。ジョブズがアップルに舞い戻った日の株価は３・82ドル。その後15年間で株価は１１９倍になった。（注52）

ピーター・リンチ（注17）の言う「テンバガー」（Ten Bagger; 10倍になる株）どころではない。「ハンドレッド・バガー」（A Hundred Bagger; １００倍になる株）となったのである。

■案外役に立つ「プロスペクト理論」

売りが難しいということは、セイラーの「所有効果」のところで行動科学的にも導き出されうることを説明した。人は「自分が保有している物に対してつける売値は、自分が保有していない場合につける買い値よりも高い傾向にある」のだ。

もう一つ行動科学で有名なのが、「プロスペクト理論」である。第2章の80ページでも簡単に触れたが、「人は利益から得る効用（満足）よりも、損失から得る負の効用（苦痛）のほうが大きい」というのがその理論である。

1979年に経済学者のダニエル・カーネマンとエイモス・トベルスキーによって展開され、カーネマンはこの研究によって2002年にノーベル経済学賞を受賞している。

プロスペクト理論では次の2つの質問を考える。

【質問1】宝くじを買うとして、2つのパターンのくじが選べるとする。

①もれなく100万円が当たるくじ

②50％の確率で200万円が当たるが、残り50％の確率で外《はず》れるくじ

この場合、どちらの選択肢も手に入る金額の期待値は100万円である。にもかかわらず実験では、確実性の高い①を選ぶ人が圧倒的に多い。

【質問2】あなたは今、200万円の負債を抱えている。

①無条件で負債が100万円減額されて、残りの負債総額が100万円にまで減らされるくじ

②50％の確率で負債が全額免除されるが、残り50％の確率で200万円の負債がそのまま残るくじ

この場合、どちらの結果も最終的には等しく「マイナス100万円の期待値」をもたらす。普通に考えれば最初の質問で①を選んだ人なら、次の質問でも堅実的な①を選ぶだろうと推測される。

しかし実験の結果は違っていた。最初の質問で①を選んだほぼすべての人が、次の質問ではギャンブル性の高い②を選んだのだ。

ここから導き出された結論が、「人は目の前に利益があると、利益が手に入らないというリスクの回避を優先し、損失を目の前にすると、損失そのもの（損失分の全額）を回避しようとする傾向がある」ということである。

最初の質問では、「50％の確率で何も手に入らない」リスクを回避し、「100％の確率で確実に100万円を手に入れる」ほうに人は心を動かされ、次の質問では「100％の確率で確実に100万円支払う」という損失を選ばずに「50％の確率しかなくとも支払いを全額免除される」ほうに魅力を感じることとなるのだ。

■損失回避性

このようにプロスペクト理論では、同じ額でも利益と損失では、損失のほうがより印象に残り、人は損失を回避しようとする行動を取る。

これを行動経済学の用語では「損失回避性」と言っている。

しかし、である。プロスペクト理論の示すように、本能のままに投資をすると、人は損失を回避しようとして、結果として「利益は小さく、損は大きく」なるような投資行動を取ってしまう。

「損を回避」しようとして実は「損を大きく」してしまうという、ある種のパラドックスが生じるのだ。

なぜなら、人は損をすること、それ自体に対する恐怖が大きいために、次のような投資行動になりやすいからだ。

（A）株を買って少しだけ上がった。得られる利益はわずかだけど、下がるのが怖いのでここで利益を確定させてしまおう（前掲の質問1で①を選ぶ。すなわち、もれなく100万円が当たるくじでよしとする）。

（B）株を買って少しだけ下がった。今ならまだ損は少ない。これ以上損をするのは嫌だし、これから上がるかもしれないので損切りはしないでおこう（前掲の質問2で②を選ぶ。すなわち確実に100万円ほど損が減るくじは選ばずにあわよくば200万円の負債が全額カットされるほうに賭ける）。

このように投資家は往々にして、利が乗っている時はすぐに利食い（前記のA）、損が出ている時は、これを確実に減らすことをしないで、損を抱え込む（前記のB）傾向にあるのだ。

だからこそこれとは反対の行動を勧《すす》める格言、「利食いは遅く、損切りは早く」との言葉が広く言い伝えられているのである。（注53）

■「利食いは遅く、損切りは早く」

言うは易く行なうは難いのが、損切りである。買った株がある日ストンと下がる。「あれ？　おかしいな」「でも一時的なものだろう。また必ず上がるはず」とタカをくくっているうちに、なお下がる。いちばん厄介《やっかい》なのは上がったり下がったりを繰り返しながら、少しずつじりじりと値を下げていくケースだ。

とくにこれといった理由も見当たらないのに下がる。「そのうちに上がるだろう」と、しばらく放っておくと、次に株価を見た時にはもっと下がっていて、「もう株価なんて見たくもない」となる。おそらくこの時には2、3割は下がっているだろう。

そうこうしているうちに、運が悪いことにマーケット全体がクラッシュしたり、その銘柄の会社が業績下方修正の悪材料を出したりしてズドンと急落。「ああもうだめだ」と狼狽《ろうばい》売りした時には半値を切っている……。

こうならないために、ロスカットルールが必要になってくる。「失敗しないのは実力。成功するのは運」とは、株の世界でよく言われる格言。成功を目指すのも重要だが、何よりも失敗しないことを心掛ける。そのためのロスカットルールなのだ。

すでに説明したとおり、投資家は往々にして「利食いを急ぎ、損切りを先送りする」傾向にある。だからこそ「利食いは遅く、損切りは早く」の格言を深く心に刻み込んでおきたい。

損切りの3つのルールを紹介しておこう。3つのうちどれが正しいということはない。ただ損失株は放置すれば塩漬け株になり、やがては挽回不能になる可能性がある。そうならないために自分なりの損切りルールを持っておきたい。

①買った値段に比して何％下がったら即刻売ると、あらかじめ決めておく。その水

準まで落ち込んだら有無《うむ》を言わさずに売却する。個人投資家の場合、ロスカットの水準は15％だったり20％だったりするものが多いようだ。ウィリアム・オニール(注54)は7〜8％に設定している。

②セイラーの「所有効果」の項で説明したとおり、今、その値段で持っていることは、その値段でその株を今新たに買うのと同じ、と考える。今日の株価を見て、もしその銘柄を買い増す気が起きないのであれば、持ち株の売却を考える。

③買った値段を忘れる。買った値段を忘れてしまえば、含み損の問題は生じえない。そもそも買った値段が必要なのは税務申告の時くらい。重要なのはこれから株価が上がっていくか、それとも下がるかであり、過去いくらで買ったかは関係ない。むしろそういったことにとらわれると、これから先の冷静な判断ができず、百害あって一利なし、と考える。

■フィッシャーによる「売りの3原則」

フィリップ・フィッシャーというと、株式投資において何を買うかの15原則（第1

章42ページ参照）をはじめとして、「買い」に関する優《すぐ》れた考察で有名だ。事実、彼の著作では「買い」に割かれたページ数は「売り」に比べて圧倒的に多くて、６倍以上もある。それでも私は、フィッシャーが述べる「売り」の考察は傑出しているように思う。背後にあるのは彼の「買い」に対する考え方であり、彼の「売り」に関する考察を読むことで、「買い」に対する理解もよりいっそう深まるから不思議だ。

彼の著作『株式投資と並はずれた利益』の第６章から（注55）ポイントのみを拝借して、これから15ページほどにわたって、彼の「売り」についての考えをここに再現してみよう。

フィッシャーによれば、投資家が保有している株を売るケースというのは、３つしかない。

「株を売るべきケース」の１番目は、そもそも当初の買いが間違っていた時。すでに１２４ページで述べたようにこのような状況下での適切な処置は、多くの場合、投資家が感情の自己制御（セルフ・コントロール）をできるかどうかにかかっている。そして（適切な処置を下せるかどうかは）投資家が自分自身に対して正直になれるかどうか、その能力にかかっている。

フィッシャーによれば、株式投資の醍醐味《だいごみ》は大きな利益を上げることができることにある。大きな利益とは数年のうちに5倍になるとか10倍になることを意味する。ピーター・リンチの言う「ファイブバガー」であり「テンバガー」だ。(注17)

株式投資による大きな利益は、適切なハンドリング（取扱い）、高い技量と知識、そして判断力の4つによって可能となるが、現実には簡単なことではない（難しいからこそ高いリターンが得られるのだ）。それゆえ時として間違いも生じうる。

しかしながら幸運なことに、長期的に見れば、たとえ何％かの確率でこのように間違った株を選んでしまうというミスを犯してしまったとしても、投資家は、そこから生じる損失を打ち消して、充分に余りあるほどの利益を享受することができる。

とくに間違いが早く発見されれば損失は少なくて済むし、間違った株の購入に使われていて凍結されてしまっていた資金は、（株の売却で）早く自由になって、もっと利益を生む別の株式の投資へと向けられるようになる。

しかしながら投資家にはエゴ（自尊心）というものがあり、これが問題を複雑にしてしまう。投資家は誰もが間違っていたことを認めるのを好まない。その結果、次の項に述べるような問題が生じてしまうことにもなる。

■少ない利益で満足してはいけない

フィッシャーの売りの議論でいちばん特徴的なのは、投資した株が（数年で）5%の値上がりに終わったとしても、それは失敗であるというものだ。

投資家が株式を購入する際に、間違った株を選んでしまったと仮定してみよう。たとえそれが間違った投資であったとしても、もしも結果的に若干でも利益を上げて売り抜けることができたとしたら、投資家の多くは間違いを犯してしまったという認識さえも失ってしまう。フィッシャーは、これは実に危険なことだと考える。

というのは、フィッシャーによれば、株式投資でわれわれ投資家が狙っているのは何年かの間に（何年か通算で）数百%の（それも投資金額の5倍とか10倍といったような大きな）利益を上げることだ。フィッシャーが投資したモトローラ株やテキサス・インスツルメンツ株がそうであったし、133ページで説明したように、投資家はアップルへの投資でもこの目的をはたすことができたはずである。

そうした大きな目標を前提にして考えると、株式を購入する際に間違いを犯した結果、その投資が20％の損失に終わろうが、5％の利益に終わろうが、大差はない。フィッシャーに言わせれば、どちらにしても失敗なのである。

したがって間違った株を買ってしまった場合には、損がわずかばかりの利益になるのを、時間をかけて待つようなことをしてはならない。たとえ損を出すことになるのだとしても、さっさと売ってしまって、本来狙うべき有望な投資先に即座に資金を振り向けるべきなのだ。わずかばかりの利益は、場合によっては投資家のエゴ（自分は失敗しなかったという思い）を満たすかもしれない。しかしこれに固執することは大きな魚を逃すことにつながる。

「もしも投資家が5％といった少ない利益で満足してしまい、より大きなリターンを求める機会を逸失してしまうのならば、それは実のところ大きな損失である」

フィッシャーのこの言葉に対して、ちょっとした違和感を覚える日本の投資家もいるだろう。なによりも日本の投資家は（ここ1年間は別にしても）、長い間、日本株の下落に苦しんできた。だから、5%の利益でも「よし」としてしまう潜在意識が働く。

しかし、そもそもリスクをとって株式投資をすることの意味を思い起こしてみてほしい。高いリターンを得られると期待できるからこそ、投資家は、リスク資産（元本さえも保証されていない！）の株に資金を投下するのである。それがたった5%のリターンで（それも何年かかけた結果として）終わってしまえば、その投資はやはりフィッシャーの言うように期待外れ、厳しく言えば「失敗」なのだ。

2013年の1年間で日経平均が57%上がったといっても、過去20年間で見れば通算してみてまだ6%の下落である。この間、アメリカのダウ平均株価は4・4倍になった。日本の投資家が、知らず識らずに日本株の下落トレンドに慣れ親しんでしまっているのだとすれば、今こそこの種《しゅ》の「刷り込まれた」状態から自らを解き放つよう努めるべきだろう（今では、日本の投資家も必要とあれば、簡単にアメリカ株に投資することもできるのだ）。

ところで「自分はそんなだいそれたことを考えない。本書のタイトルにあるように気弱な投資家なので5%や10%のリターンでいい」という人もいるだろう。

しかし気弱な人だからこそ、自らを過信することなく、自分の弱さや間違いを率直に認めることができる。そして株式投資の王道である「テンバガー」(ピーター・リンチの言う10倍になる株。注17参照)に狙いを定め、買った株がテンバガーになるような軌道に乗っていないと判明した場合には、すぐに乗り換えることを考える。

フィッシャーはそんなアプローチを勧《すす》めているのである。

■経営者の劣化

フィッシャーが挙《あ》げた「保有している株を売るべきケース」の2番目は、時とともに投資した先の企業が変遷してしまう場合である。投資した時にはフィッシャーが挙げた15の原則(42ページ参照)に合致していた先であったとしても、時が経つにつれて企業は変わりうる。

もはや15の原則に合致しなくなってしまった場合、つまり投資先企業が劣化してしまった場合には、投資家はその企業の株を即座に売るべきである。

フィッシャーによれば、企業が劣化してしまうケースは通常次の2つのケースに集約される。

一つは経営陣の劣化だ。往々にして成功体験は経営者に悪影響を与える。ひとりよがりの自己満足や惰性《だせい》が、以前にあった馬力や創意工夫に取って代わってしまう。

経営陣が交代した時は特に注意が必要だ。次の代の経営陣は、企業を成功に導いた経営陣ほど優秀でない可能性もある。いずれにせよ経営陣の劣化が見られた場合には、投資家はその株をすぐに売らなければならない。

たとえば創業者の井深大《いぶかまさる》や盛田昭夫《もりたあきお》が元気だった頃のソニーの株価は順調に上昇した。バリトン歌手の大賀典雄《おおがのりお》が2人の創業者に誘われてソニーに入社、社長を務めた13年間（１９８２—９５年）も株価は（創業社長時代の勢いは失くしたものの）比較的堅調だった。

その後、ドット・コム・バブル（ＩＴバブル）で株価が一時的に急騰したことがあったものの、基調としてはソニーの株価は低迷を余儀なくされている。現在（２０１３年12月末）の株価（１８２６円）は、30年前（１６６３円）とほぼ同レベルの水準

にある。（注56）

■企業が変身したり進化するケース

フィッシャーによると、企業が劣化してしまうもう一つのケースは、企業の成長とともにやってくる。企業は素晴らしい成長を遂げた後、もはや彼らの事業領域ではこれ以上は成長しえないという段階に到達してしまうことがある。デュポンは当初火薬の会社だったが、もしも彼らが火薬ビジネスに留まっていたとすれば、平和時には鉱山の開発といった分野でしか成長することができなかっただろうし、そういった分野での成長には限界があっただろう。

企業が自らの事業領域を成長余力がなくなるまで開拓し尽くしてしまう……。フィッシャーによれば、こういった場合にも投資家はその株を売らざるをえない。しかし経営陣が劣化したケースに比べれば、売り急ぐ必要はない。時間をかけて他のもっと有利な投資機会が来るのを待っても大丈夫だろう。ただいずれにせよ売らざるをえない。

なおこの、成長余力がなくなるという第2の点に関しては少し補足が必要かもしれない。「企業のトランスフォーメーション（変身）」という概念である。トランスフォーマーというと玩具《おもちゃ》やアニメ、映画を思い浮かべる人が多いかもしれないが、企業も成功裏にトランスフォーム（変身）したり進化（evolve）したりすることができる場合がある。

当初火薬の会社だったデュポンは、ダイナマイトを作るようになった。ダイナマイトの市場も開拓し尽くしたと思われた時、彼らが考えたことは、戦争や鉱山開発以外の新しい分野を開拓することで、ダイナマイトビジネスの成長を持続させようとすることだった。1910年、彼らは「農業にダイナマイトを使おう」というキャンペーン広告を全米で展開したが、この新たな用途開発の提案は成功しなかった。

しかしながら火薬やダイナマイトの製法で得られた知識やノウハウを発展させて、彼らはやがて化学の分野に進出し、合成ゴム、ナイロン、さらにはテフロンなどを開発。自らのトランスフォーメーションを果たしていく。さらにその後、デュポンは電子材料の分野にも進出、現在では農業、栄養食品、バイオサイエンスなどに注力している。

デュポンの例のように、一つの事業領域での成長が限界に達したとしても、成功裏にトランスフォームしていくことで、高い成長を維持し続ける会社がある。投資家に必要なのは、投資先がトランスフォームしたり進化したりすることができる企業かどうかを見極める眼力である。

■フィッシャーによる「売ってはならない局面」

フィッシャーはこのように株を売るべきケースとして、①そもそも当初の買いが間違っていた時②投資した先の企業が変遷してしまった時を挙げた（良い意味での「変身」の場合は、売る必要はない）。

さて「売り3原則」の3番目である。彼が挙げた「株を売るべきケース」の3番目は、優良な株式投資の機会を見つけ出すのが難しいという事実から発生する。

投資家が資金を手にして投資しようとしている時、魅力的な投資機会がちょうどよく現われるということはめったにない。かなりの期間待っても、魅力的な投資機会が現われない時には、投資家は次善の策として、成長分野にあって上手《うま》く経営されている会社の株を買うかもしれない。

後になって、より魅力的な投資候補先が現われたら、投資家は、先に投資した会社の株を売って、新しく発見した会社の株を買うようにするだろう。乗換《のりかえ》である。

たとえば年率12％のペースで株価を上げている会社は投資家にとって満足できるが、年率20％のペースで株価を上げることになるような会社が見つかった場合には、両者の差は乗換をするのに充分に大きなものである。それで投資家は、年12％の率で成長している会社の株を売るようになる。

ところで、フィッシャーの凄《すご》いところは「株を売るべきケース」を分析する際に、「売ってはならないケース」を同時に考察しているところだ。投資家は往々にして間違った理由で株を売ってしまう。投資家が陥りやすい罠としてフィッシャーは次の2つのケースを挙げている。

一つは、その株が競合他社と比較して高くなりすぎた、オーバー・プライス

(overprice) であるとの理由で売ることであり、これは間違っていると結論付けている。

投資家は往々にして成長している株のPER（本書の第2章96ページ参照）を計算し、「この会社の株価は1株当たり利益の35倍だ。競争相手の株価は利益の25倍なので競争相手に比べてオーバー・プライスだ」といった議論を展開する。たしかに投資先の会社の株価が一時的にオーバー・プライスになっていることがあるかもしれない。しかしフィッシャーによれば、投資家がそのことを理由にして株を売ってしまうと、ほとんどの場合に買い戻すことができなくなってしまう。

仮に投資先の株価が競争相手の株価に比してオーバー・プライスであったとして、いったいそれがどうだというのだろう。

ポイントは投資先の会社がこれから10年後に株価をたとえば4倍にできるかどうかという点だ。そういった点が重要視されるべきなのであって、現在株価が少しくらいオーバー・プライスであるからとの理由で、その株を売ってしまうと、投資家はあとで後悔する。

■３人のクラスメートの話

フィリップ・フィッシャーというと、株式投資をするに際しての15の原則（本書第1章42ページ参照）で有名である。しかし売る時の考察としては、彼の本の中にある「３人のクラスメートの話」が印象的だという人も多い。この話はフィッシャーが「株を売ってはならないケース」の２番目を説明するために使っているものだ。

２番目のケースとは、株価が高くなりすぎたから売るというものだ。最初のケースと似ているが、第1のケースのオーバー・プライスは競合他社などと比較して株価が（たとえば1株当たり利益の35倍といった具合に）高く評価されてしまっているケース。第2のケースは過去から現在まで株価がかなり上がってきて、登りつめたと投資家が感じるケースである。具体的には次のように感じてしまう投資家が多い。

「投資先の株価がじゅうぶんに高くなりすぎて、株価上昇の潜在力をすべて使い果たしてしまった。だからここで売って、もっと安い株に投資することで、今度はその安い株が高くなっていくのに賭けよう」

この考え方が馬鹿げていることを、フィッシャーは３人のクラスメートの話にたとえて説明する。

「あなたは大学卒業時に、3人のクラスメートそれぞれと、次の契約を取り交わすものとする。『あなたは、彼らが最初の1年で稼ぐ給料の10倍の金額を彼らに与える。その代わり、彼らは生涯にわたって、彼らが毎年稼ぐ報酬の4分の1をあなたに払い続ける』。

10年後、3人のうち1人（A君）は素晴らしい成功を収める。大会社でどんどんと昇進を重ね、社長からも一目置かれる存在に。次の10年でA君は社長になるに違いない。そうなれば報酬もケタ違いになり、ストック・オプションなども手にするだろう。一方、B君とC君はうだつが上がらず、10年経っても給料はほとんど変わらない。

さてこの段階で、ある人が当初（10年前）あなたがA君に与えた金額の6倍をあなたに支払うから、A君から毎年報酬の4分の1を受け取る権利を譲ってくれと言われたら、あなたはどうするか。その権利を売って得たお金で、B君なりC君にさらなる投資をして乗り換えるだろうか」

株が高くなりすぎたからと売って、まだ安い株に乗り換えるというのは、Ａ君という有望株を売ってＢ君、Ｃ君に乗り換えるのに等しいとフィッシャーは主張する。フィッシャーに言わせれば、こうしたことを行なう投資家というのは、もっとも馬鹿げた投資家だ。

本書の第１章で１９７９年スタンフォード大学の学生たちが3年前に60ドルだったバークシャーの株が約５倍の２８０ドルになってしまい「高くなりすぎて買うのは控《ひか》えるべきだ」といった議論をしていたことを記した（24ページ）。現在バークシャーの株は、その時からさらに上がって、２８０ドルだった当時の６００倍以上になっている。

過去に比べて高くなりすぎたから「買えない」とか「売るべきだ」というのは、「3人のクラスメート」の例からわかるように愚《おろ》かな考えなのである。

それでは株はいつ売るべきか。フィッシャーはいろいろと考察を深めていき、一つの結論に辿《たど》り着いた。

「株を買う時にやるべきことをきちんと行なってさえいれば、その株を売るべき時期というのは、ほとんど永遠に来ない（almost never）」

■つるべ落としのような下落

残念ながらわれわれはフィッシャーではないし、バフェットでもない。現実には株を買う時にきちんとした分析をしなかったという個人投資家が圧倒的に多いだろう。ピーター・リンチの言うように「ほとんどの人は、株式投資より電子レンジを買うことのほうに、より多くの時間をかける」のである。(注57)

持っている株が不幸にして急に下落し始めた時には、どうしたらいいだろうか。1日に許される値幅制限近くまで下落してしまうとか、あるいは制限に達してストップ安になってしまう場合もある。

株価がつるべ落としのような下落を示す時は、ベテランの投資家でも売りのタイミングを逸《いっ》してしまうことがある。

経営破綻《はたん》が決定的となる少し前、２００９年10月に日本航空（ＪＡＬ）は企業再生支援機構に対して事前相談を開始し、翌11月には株価が１００円を割り込んでしまった。その昔、ＪＡＬの株価は２０００円（分割調整後ベース）を超えていたこともある（１９８７年）。これが１００円を割り２ケタに突入した後は、まさに急降下、つるべ落としのような下落を演じた。

かつてはナショナルフラッグ（国を代表する航空会社）ともてはやされ、大学生が就職したい会社ベスト5にランクインしたこともある。そんな会社の株がまさか無価値になるとは思わなかった人も多かったに違いない。法的整理が示された翌年1月中旬以降、株価は1ケタ台に突入。その後すぐに1円にまで下がり、翌月には上場廃止となった。さらに同じ年の12月には１００％減資によりＪＡＬの株は無価値となってしまった。株式は消却されてしまったのである。

これが破綻企業の株主がたどることになった末路である。

１９９７年、四大証券会社の一つ、山一證券が破綻した時はどうだっただろう。本来はプロ中のプロであった山一證券の株の専門家たちの中には、1円の紙切れになるまで自社株を持ちつづけた人が多かったという。

自社株なので心理的に売りづらかったということもあるかもしれないが、みな「山一が潰れるわけがない」と過信して判断を誤ってしまったのだろう。

結果から言えば、正しく損切りできなかったわけだ。これは、教団の渦中にいる信徒が、その宗教の客観的評価がなかなかできないのと同じケースかもしれない。

正しい損切りができなかったプロ集団を笑い事だと思って軽く考えることはできない。繰り返すが、残念ながら多くの人はバフェットではないし、フィッシャーでもない（しかも、彼らとて時として過《あやま》ちを犯してきたのだ）。

■私自身の失敗談

かく言う私も、自社株を売れなかった山一の社員と同じような過ちを犯してしまっている。２００８年に経営破綻したリーマン・ブラザーズの株式だ。

外資系の投資銀行は比較的年収が高いと言われているが、幹部クラスになると給与や賞与は現金でもらう分よりも、自社株式の形で支給される割合のほうがぐんと高くなる。私がＪＰモルガンやリーマン・ブラザーズなどの外資系投資銀行で働いていたのは10年以上も前のことなので、現在はどうなのか詳しくは知らないが、当時の幹部社員の中には「給与や賞与の約7割が自社株の形で支給される」といった人もいた。

自社株式と言っても普通の自社株式ではない。業界用語でいうペーパーマネー。「紙のおカネ」といった意味だが、要は、すぐには現金化できないおカネである。「もらってから3年以内に競合他社に移ると失効してしまう」といったような制限条項がついている「株式やストック・オプション」のことである。

投資銀行は、このような制限付き株式やオプションで給与や賞与を払うことによって、幹部社員が競合他社にヘッドハントされるのを防ごうとしているわけだ。

もっとも実効性のほうは、期待されるほどのことはないかもしれない。

現在の慣行は少し違ってしまっているかもしれないが、私が働いていた当時は、他社社員をヘッドハントする際には、その社員が会社を移ることによって失ってしまう制限付き株式やオプションを、ヘッドハントする側の会社が「買い取る」といったことをしていた。「買い取る」といっても現金で買い取るわけではなく、ヘッドハントするほうの会社の制限付き株式やオプションで買い取るだけだ。

何のことはない。ヘッドハントされる社員の側にしてみれば、以前働いていた会社からもらっていた「ペーパーマネー」が、新しい会社の「ペーパーマネー」に置き換わるだけのことである。

やや特殊な業界の特殊な慣行をお話ししたが、要は私が外資系投資銀行各社で働いた時の給与や賞与のかなりの部分は、リーマン・ブラザーズの「制限付き株式・オプション」に姿を変えていたということだ。私の場合、リーマン退職後数年でそれらを売却することに対する制限は外れたが、やはり「かつて自分が勤めていた会社の株」である。愛着や思い出もあり、ドライにあっさりと全額売ってしまう気にはならなかった。

そこへ、サブプライム問題が金融界を襲った。２００７年8月。リーマン破綻の1年ほど前だが、フランスの大手銀行のＢＮＰパリバが傘下のファンドを凍結。その年の2月には85ドルを超えていたリーマンの株価は60ドルを切り始めた。そして1年後の8月、株価は20ドルを切る水準にまで落ち込み、翌月の15日、リーマンは連邦破産法11条の適用を裁判所に申請することとなってしまった。

リーマン・ブラザーズといえば、日本でいえば江戸時代、１８５０年の創業である。１５８年の歴史を持つ投資銀行界の老舗《しにせ》だった。日露戦争の際には日本国債を引き受けることで日本の戦費調達を手伝い、１９２９年の大恐慌や第二次世界大戦も生き抜いてきた。英語で言う「バルジ・ブラケット（Bulge Bracket）」、すなわち「巨大投資銀行」と呼ばれ、業界4位の地位を占めていた。

「このリーマンが潰れるわけがない」と私も思ってしまったわけだ。リーマンが破産法の適用を申請した翌日。私は日本の証券会社に電話をして、持っていたリーマン株をすべて売るように指示した。株価は21セントにまで落ち込んでしまっていた。前年2月の85ドルに比せば99・８％の下落。

「保有している株式に特殊な感情を持ってはいけない」という戒《いまし》めの言葉を改めて思い出した。第1章30ページで紹介したように、バフェットは次のように言っている。

「株はあなたに所有されていることを知らない」

第4章　気弱な人が考える安全な投資法

■投資の哲人たちは、リスクとどう向き合ってきたか

「人生には3つの坂がある。上り坂と下り坂、もう一つがまさか……」

そんな言葉遊びを聞いたことがあるが、この先何が起こるか、どう転ぶかわからないのが投資の世界。

リーマンショックが起きた時、グリーンスパン元FRB議長は「100年に1度の危機」と形容した。しかし同程度の危機が（100年に1度なので）「しばらくは襲ってこない」といった保証はどこにもない。

これまでフィリップ・フィッシャー、ウォーレン・バフェット、ピーター・リンチといった投資の哲人たちを紹介してきたが、彼らは、時として起こりうるこうした金融危機や株式の大規模な下落リスクにどう向き合ってきたのだろうか。

答えを先に言ってしまうと、実は、彼らの誰もが「自らの投資スタイルを貫徹すること」こそが、リスクの管理につながると考えてきた。

もう少し詳しく見てみよう。

3人の哲人に共通するのは、割安株の発掘である。市場で優良株が埋もれている

時、あるいは市場全体を弱気相場が支配する時などに、彼らは「本来の価値よりも安い値段で」優良株を購入する……。

ところで、ここから先のアプローチは３人それぞれ違う。

フィッシャーはモトローラやテキサス・インスツルメンツなどの（当時の）ハイテク株に積極的に投資した。これらの成長株が5倍、10倍、20倍となっていくうちに、他の投資の失敗を帳消しにし、相場全体が下落していく過程でも、持ちこたえてくれると考えたのである。

バフェットは、「自分は85％グレアム、15％フィッシャー」と言っているように、成長株を追い求めることはせず、ハイテク株には手をつけなかった。むしろコカ・コーラなど「景気変動に左右されにくくて、じっくりと時間をかけて着実に値を上げていく」株を好んだ。これらの株を本来の価値より安く買えば、相場全体の下落局面にあっても、持ち株は本来の価値を下回ることにはならず、仮に下回ったとしても、すぐに修復されるようになると考えた。バフェットは相場全体が激しく下落する時は、絶好の買い相場であると考え、リーマンショック後の悲観相場のさなかでも積極的に株を買った。

３人目のピーター・リンチ。彼は、フィデリティという大規模な運用会社の中で「マゼラン・ファンド」の運用にあたっていた。フィリップ・フィッシャーと同じ考えを持ちつつも、フィッシャーのような「ゆったりとした時間軸」を持つことは許されなかった。ファンドは毎期、毎期、顧客や、フィデリティ社の上層部に評価される宿命にある。フィッシャーと同じように、ピーター・リンチも、５倍、10倍となる成長株を発掘し、割安に投資をすることに注力していたが、成長株があるゆえ「ポートフォリオの10銘柄中の６銘柄が値上がりすれば満足すべき結果が得られる」(注58)と考えた。

これはあくまでも私の個人的な感想だが、フィッシャーは、テンバガー（買ってから株価が10倍になる株）のような成長株に投資することで、その時々の市場の下降局面を乗り切ろうとしていた——いわば時間軸の中で成長株の有用性を意識していた（マーケット全体が激しく下落しても、過去に買ったモトローラ株がすでに20倍になっているから危機をしのげる）。

これに対して、ピーター・リンチは「現在のポートフォリオ」という「くくり」、いわば平面の中で、成長株が他の失敗した投資を帳消しにしてくれる（その結果、彼のポートフォリオはベンチマークに勝つ）という優位性を意識していたように思う。

■ゴールド（金）や債券が安全なのか

危機に際して安全なのは現金か。だとすると円なのか、ドルか。あるいはゴールド（金）を考えるべきか——。稀代《きたい》の投資家、ウォーレン・バフェットは、2012年2月、バークシャー・ハサウェイ社の株主に宛てた年次レターの中で、この点について検討した。（注59）

バフェットによれば、いろいろな種類の資産価格は変動するが、その資産のリスクが高いかどうかは、資産が有している「購買する力」で判断されるべきだ。たとえ価格があまり変動しなくても、資産のリスクが高いといったことがありえるのだ。こう述べた上で、バフェットは資産を3つのグループに分類した。以下、バフェットのレターを要約してみよう。

【第1のグループ】「現預金、債券などの貨幣価値に立脚した資産」――これらは通常安全と考えられているが、実はもっとも危険だ。というのは貨幣の価値は政府や中央銀行が決めるもので、インフレによってこれらの資産の購買力は減ってしまう。安定した通貨に対する人々の願いが強いアメリカでさえ、ドルの価値はびっくりするほど下落してきた。

私（バフェット）がバークシャーの経営に就《つ》いた1965年と比較してみると、現在ではドルは86％も下落し、当時1ドルで買えたものが今では7ドルも払わないと買えない。

債券はどうか。同じ期間、つまり1965年以降、今日まで47年間、米国債、それも1年物の短期国債を購入して、毎年期限が来るとロールオーバーする（次の1年物に乗り換える）という方法で運用していったとしたら、どういった結果になっただろうか。

平均で年率5・7％の金利がついた計算になるが、利息に対して税金を払わなければばならなかったことを考慮すると、この運用方法でもこの間のインフレに勝てない。47年の間に購買する力はまったく増えないのだ（もちろん短期の米国債は流動性、換金性の面で優《すぐ》れているのだが……）。

【第2のグループ】「それ自体は何かを生み出すものではないが、誰か別の人が購買してくれるだろうとの思いで、多くの人が購入している資産」――17世紀にはチューリップの球根であったし、現在ではゴールド（金）だ。金は産業用や装飾用に使われるが、それだけの用途では、とてもではないけれど毎年生産される金の量を吸収することができない。ほとんどの場合、人々は金を違った目的で所有する。つまり誰か別の人が（できればもっと高い）値をつけて購入してくれるだろうという希望だ。

人類がこれまで生産してきた金の総量（地上在庫）は17万トン。1辺68フィートの立方体にしかならず、野球場の内野部分にすっぽりと収まってしまう。この金すべてを現在の金価格1オンス1750ドル（訳者注：2013年12月末現在1200ドル）で計算すれば、9・6兆ドルになる。

この金額はどういう金額だろう。全米の農耕地（およそ4億エーカーあって毎年2000億ドルの農作物を産出している）を購入して、なおかつエクソン・モービル社（毎年400億ドルを稼ぎ出している）を16社買った上に、さらに1兆ドルのお釣りがくる金額だ。これから100年経っても全米の農耕地は価値ある農作物を産出し続けるだろうし、エクソン・モービルは稼ぎを上げ続けるだろう。一方、金のほうはというと、何も生み出さない。あなたは金を優しくなでることができるが、金は何も答えてくれないだろう。

【第3のグループ】「価値を生み出すことができる資産」――会社（会社が発行する株式を持つことで会社の所有者になれる）、農地、不動産である。これから100年後、通貨が金本位性に変わろうと、貝殻をベースにしようと、サメの歯を使おうと、あるいは今日のように紙に印刷をしたものを使おうと、人々が必要とするものは、究極のところ、農産物であったり、工業製品であったり、住居スペースだ。これらのものを生み出すことができるものが、これから先も価値を維持し続ける。2008年のリーマンショック直後、多くの人々は「現金こそもっとも貴重で王様だ（Cash is King)」と言った。今となってわかることだが、この時にやるべきことは現金を手にするのではなくて、その現金を使って株や土地を買うことだったのだ。

■時として株価が半減する理由

バフェットが言うように「そもそも論」で考えれば、たしかに株式投資は企業の一部を保有することにほかならない。そして企業は生産活動に従事したり、サービスを提供したりすることで価値を生み出している。価値を生み出し続けるものに投資をするというのは、あたかも卵を産み続ける鶏《にわとり》に投資するようなもの。悪くないアイデアだ。

しかし現実にはかつての山一證券や日本航空、あるいはリーマン・ブラザーズのように、破綻《はたん》して株券が無価値の紙切れになってしまうこともある。

そこまで極端な例ではなくとも、どんな大企業でも、景気変動の波を受けるし、株価を半減させてしまうことがありえる。

ここでちょっと脱線するが、売上が1割落ちるだけでも、時と場合によっては株価が半減してしまう、その仕組みを説明しよう。こういった議論が面倒な方は、ここから先15行は読み飛ばしていただいてけっこうだ。

売上が1割落ちるだけでも、時と場合によっては株価が半減してしまうことがありえる――これは、①株価が売上よりも利益に左右され、②利益は売上以上に振れるからだ。

①は感覚的におわかりいただけるだろう。いくら売上があってもずっと赤字の会社であれば、そこのオーナー（株主）になっても、たいした価値はない。では、②はなぜそうなるのか。

たとえば企業が製品を作り販売している場合、そのための材料費や仕入れ費用は、売上に連動して上下する（変動費と呼ばれる）。一方、売上が落ちたからといって企業は人員をすぐにカットするわけにもいかず、工場や機械設備も当面はそのまま維持する。つまりどんな状況下でも企業は一定の固定費を負担せざるをえない。これを式にして示すと、

「売上」－「固定費」－「変動費」＝「利益」

の関係になっている。右の式に適当な数字を入れてみればわかることだが、たとえば、売上100が1割落ち込んで90になったとしても固定費は一定のままだ。その結果、利益は売上以上の比率で落ち込んでしまうということになる。

■もっとも危険に見える道

フィリップ・フィッシャーは、たとえどんなに優良な企業の株であっても、景気変動などの影響を受ける結果、株価がピーク時に比して一時的に4～5割減になることはありえると述べている。

投資家として、このことをどう考えたらよいだろうか。

バフェットの言うように、実は株式投資が一番安全なのか。それとも景気変動などの影響を受けるので危険なのか。

フィッシャーによれば、株価に影響を与えうる要因は、①景気の変動、②金利動向、③政府の施策などいくつかある。ただこれらすべてが、同時に株価にとってマイナスに働きかける（たとえば景気悪化時に政府が金利を下げるのではなく上げてしまう）ことは、滅多に起きない。もし仮にそういったことがあったとしても、長くは続かない。

その結果、フィッシャーが行き着いた結論は、「一見したところもっとも危険そうに見える運用法が、実はもっとも安全な方法だ」というものであった。(注60)

その方法とは、バフェットと同じく株式投資。より具体的には、「きちんと分析して、適切なタイミングで、割安で成長性のある株式に投資する」というものであった。

ピーター・リンチも株価が時に値下がりするものとの前提に立って、次のように述べている。(注61)

「あなたの損は、それぞれの株に投じた金額に限られる（ゼロ以下にはなりえない）。一方で、利益には天井がない。１０００ドルを投資した場合、最悪で１０００ドルを失うだけだが、素晴らしい株に投資すれば1万５０００ドル、２万ドル、あるいはそれ以上を数年間で得ることができる。

人生で株式投資に成功するために必要なのは大幅に値上がりするいくつかの銘柄で

あり、それらによるプラスは期待外《はず》れの株の損失を埋めて余りある」

■日本でテンバガーを狙えるか

フィリップ・フィッシャーやピーター・リンチが言う「安全な資産運用方法」とは、実は何の変哲もないものだ。彼らが日ごろ提唱している投資法そのものなのである。

きちんと分析した上で10倍になるような株を探し出して、適切なタイミングで、それに投資しようとすること。彼らはこの方法こそが、一見したところ危険そうに見えるが、「実はもっとも安全な方法だ」と考える。繰り返すが、過去に買ったモトローラ株が数10倍にもなっていたから、相場の大幅下落にもフィッシャーは救われたのだ。

ところで本書でこれまで何度か触れてきたが、10倍になる株はウォール街の業界用語で「テンバガー」と呼ばれる。これは満塁ホームランのことを「フォーバガー」という野球の言い方を真似たものだ（もともと「バグ（Bag）」とは野球の塁、すなわち「ベース」を意味し、２塁打のことを「ダブルバガー」と言った）。

伝説の投資家ピーター・リンチが全米で100万部を超える大ベストセラーとなった『One up on Wall Street（邦題『ピーター・リンチの株で勝つ』ダイヤモンド社、2001年）』の中で、この言葉を紹介してから全米で使われるようになった。

ピーター・リンチのこの著作にはテンバガーが次から次へと出てくる。スーパーのウォルマート、玩具《おもちゃ》のトイザらス、ダンキンドーナツなどなど……。

それでは、日本でもテンバガーを狙うことができるのだろうか（なお以下、株価は分割前の株価を分割後の値に調整（注6）して表示してある）。

1983年、花札やトランプで有名だった任天堂は家庭用テレビゲーム機「ファミリーコンピュータ」を発売。今から約30年前のことだ。もし今この本を読んでいる読者の方が50歳より上の年齢の方で、当時子供にせがまれてファミコンを買っていたとしたら、その時の記憶が残っているかもしれない。仮に当時「こんなにみんながこのゲーム機を買っているのだから」と任天堂の株を買っていれば、どうなっていたか。

1983年末に1451円だった株は2013年末現在1万4010円。ほぼテンバガーとしての成績を収めている。もっとも任天堂はピーク時（2007年11月）には、7万3200円を付けた。当時はテンバガーどころではなく、フィフティ(50倍)バガーだった(ということは、ピークで任天堂株を買った人は株価を5分の1にしてしまっている。その昔、山内《やまうち》社長[当時]が投資家説明会で「ゲームというのは何年かに1回ヒットする。その特性をわかった上で株を買ってください」と語っていたのを思い出す)。

1998年には、日本中でユニクロのフリースが話題となった。軽くて温かくてカラフルだということで、この年だけで200万枚のフリースが売れたという。この時(98年末)499円だったユニクロ㈱ファーストリテイリング)の株は2013年末現在4万3400円。87倍になっている。

テンバガーどころではなくエイティバガー(80倍)超えを達成したのには、フリースだけでなく、東レと共同開発した下着の「ヒートテック」などがヒットしたことも大きく貢献している。

アイフォーンなどで遊べるゲーム「パズドラ(パズル&ドラゴン)」が配信され始めたのは、今からほぼ2年前(2012年2月)。このゲームは面白いと思って、これを作っているガンホーの株を買った人はわずか1年3カ月で100倍近くになった（もっとも2013年末にはピーク時の約半分になっている。それでもパズドラが人気を集め「始めた」頃の40倍近くある）。

テンバガーを狙うには、何も知らない会社の株を買う必要はない。あまり知られていない会社の株式は、取引高も少なく、薄商いの中、値を上げやすいが、逆に値を下げるのも早い。

ファミコンにしても、ユニクロのフリースにしても、ヒットし始めた時は誰でも知っていたはずである。しかもある程度、ヒットが確認された後で株を買ったとしても遅いということはなかった。フリースの場合、ヒットが全国的に報道された後、株価は半年で7倍に急騰した（499円→3250円）。このタイミング（1999年6月）で株を買ったとしてもテンバガーは狙えたのである。

もちろんヒットし「始めた」時（あるいは、それよりもっと前で、自分でフリースを買ってよかったと思った時）に、買うのがベストであるのは言うまでもない。みんなが気がついてしまって人気化し、テンバガーなりフィフティバガーになってからでは遅すぎることもある。

第1章の冒頭で紹介したバフェットのこの言葉を、もう一度胸に刻んでおきたい。

「われわれがすべきことは単純だ。他人が強欲な時に臆病《おくびょう》になり、他人が臆病な時に強欲になりさえすればいい」

■グローバルに考える

フィリップ・フィッシャーの15原則はひじょうに説得力があるものだが、唯一欠けていたのが、グローバルな視点である。フィッシャーは１９０７年の生まれで、15原則が書かれたのが今から56年前の１９５８年なので、やむをえないのかもしれない。

この点、ウォーレン・バフェットのほうは、「世界中の人がコカ・コーラを飲むようになったら、この会社はどういったレベルの利益を稼ぎ出すことになるんだろう」と言って、コカ・コーラの株を買ったと言われている。

投資家はグローバルな視点を持つことで、投資先の成長力を嗅《か》ぎわけ、なおかつ、より適切なリスク管理を実現できる。

そのことを簡単に見ておこう。

紙おむつや生理用品で日本国内トップのシェアを誇るユニチャーム。彼らが海外への第一歩を踏み出したのは、1984年。台湾で現地法人を設立した。この年にユニチャームの株を買っていれば、現在ではテンバガーを超え、13倍ほどになっている。

ユニチャームは現在世界に現地法人35社を配し、世界80カ国で紙おむつや生理用品を提供している。この成長の軌跡こそがテンバガーの裏付けとなっているのだろう。

しかし、目を競争相手に移してみるとまだまだ上手《うわて》がいる。

バフェットも株をたくさん持っているプロクター・アンド・ギャンブル（P＆G）。ユニチャームの海外売上比率が52％なのに対して、競争相手のP＆Gは売上の61％を北米（アメリカ・カナダ）以外で上げ、なんと世界180カ国で事業を展開してきている。（別な見方をすればユニチャームは、まだまだ海外展開の余地がある）

日本の人口は1・3億人、アメリカは3・2億人、世界は71・4億人である。日本企業が日本だけでマーケットを考えれば成長は限定的なものになってしまうし、アメリカ企業もアメリカだけで考える時代ではない。

２００１年にゴールドマン・サックスのジム・オニールがブリックス（ＢＲＩＣｓ）という言葉を使い始めたあたりから、新興国（ブラジル、ロシア、インド、中国）の台頭が注目されてきた。しかしよく見てみるとこれら新興国で活躍しているのは、マクドナルドであったり、コカ・コーラであったり、トヨタ、フォルクスワーゲン、ＩＢＭ、アップルといった米、日、欧をオリジン（起点）とするグローバル企業であることが多い。

個人投資家たる者、そういったグローバルな視点で、投資先企業の成長を考えてみると、テンバガーは意外に見つけやすいかもしれない。

そして何よりもリスク回避の観点からも、一つの国のリスク（たとえばある国の国債のリスク）よりも、無国籍に事業を展開するグローバル企業のほうが、実はリスクが小さいと見ることができるかもしれない。

■カエルの子はカエル

フィリップ・フィッシャーの息子ケニス・フィッシャーも、父親の跡を継いで投資家となった。現在63歳で、彼が経営する投資顧問会社「フィッシャー・インベストメンツ」は全米3カ所に拠点を持ち、4兆1300億円の顧客資産を管理している。

彼の個人資産は2300億円。フォーブス誌が特集している「全米のお金持ちランキング」で、243位にランクインしている。カエルの子はカエルだったのだ。

父親と同じように、ケニス・フィッシャーもまた本を書いている。父親は3冊の本を出したが、息子のほうは主なものだけでも8冊。そのうちの一つ『Super Stocks』は邦訳されている（『ケン・フィッシャーのPSR株分析』パンローリング、2009年）。

彼の最新著作『市場はけっして忘れない（Markets Never Forget）』（2011年）のなかで、ケニス・フィッシャーはリスクの管理について次のように書いている。

「資産を運用・管理していく上では数えきれないことが起こりうる。起こりうることと、すべてのリスクを考えようとしたら、投資家はベッドから起き上がることさえもできないだろう。

そこでお勧《すす》めしたいのは、歴史を学ぶことだ。

ある程度の可能性で起こりうること、そのシナリオのイメージを頭の中で構築していくには歴史を学ぶのがいい。そのうえで現在の世界の経済情勢だとか投資家の心理状態、起こりうる政治情勢などを考えてみるのだ」

こう言ってケニス・フィッシャーは、投資の際に過去の歴史を学ぶことの重要性を説いた。彼によれば「人間の頭は過去に起きたことを忘れてしまいやすい。しかし市場は覚えている。その結果、似たようなことが繰《く》り返される」。

この本が出版されて以来、ケニス・フィッシャーの「歴史に学べ。市場のほうは歴史を覚えている」との言葉は、ウォール街で多くの人々の間で語られるようになった。

父親のフィリップ・フィッシャーは「一見もっとも危険に見える株式投資こそが実はもっとも安全だ」と語ったが、投資の世界に「絶対」はない。

さて本書もそろそろ終わりに近づいてきた。

息子のケニス・フィッシャーが言うように、ここでは少し遡《さかのぼ》って、時計の針を昭和34年（1959年）に戻してみよう。作家の永井荷風が亡くなった年だ。資産家の永井荷風は株式投資を積極的に行なっていた。しかし戦争による経済の混乱が一瞬にして彼の生活を変えてしまった。

ケニス・フィッシャーの言うように「こういったことが起こりうるかもしれない」と頭の片隅に入れておくのは、これから先、あなたの役に立つことになるかもしれない。

■ランティエは夢の夢

荷風が死去した昭和34年、作家の石川淳《いしかわじゅん》は追悼文「敗荷落日」の中で、「戦前の荷風は幸運なランティエであった」「ランティエの身柄は生活のワクの中に一応は安全であり、行動はまたそこに一応は自由であり、ワクの外にむかってする発言はときに気のきいた批評ですらありえた」と書いている（注62）。

ランティエとは何なのか。

もともとはフランス語であり、フランスで使われてきた言葉だ。先祖からの遺産を受け継ぎ、金利収入あるいは不動産賃貸などで生活していた人たちのことを言う。生まれながらにして投資になど心を配らなくても、生活を楽しみながら優雅に生きていくことができた人たち。彼らには伝統や文化を大切にする気風があった。

イメージとしてはこんな感じだろうか。

１００年以上も続く石造りの家に代々住み、お爺ちゃんから受け継いだ家具や食器、絨毯《じゅうたん》、カーテンなどを大切に使い、近所の行きつけの店で、あまり値段を気にすることなく食材や生活用品を購入する。

ご先祖の誰かが、貯めた金で土地やアパート、国債、株券などを買っておいてくれていて、相続人である子孫はそれほど贅沢《ぜいたく》な暮らしをしなければ、生涯働かなくても食べていける。

そういう人々が、20世紀になってもフランスだけで何十万人もいたと言われている(注63)。

歴史に名を遺《のこ》した小説家や詩人、音楽家、探検家、植物などの採集家の大半がランティエだったとの説もある。ランティエは本を読んだり絵を描いたり、珍しい虫や花を探して世界中を駆け回ったのだ。

これといって仕事をする必要がないので、昼間から肘《ひじ》掛け椅子に座って妄想に耽《ふけ》ることができたという。哲学研究者の内田樹《うちだたつる》によれば「シャーロック・ホームズだってそうだった[注63]」。街のカフェで長時間哲学を論じたり、殺人事件の犯人を推理したり……。

フランス文化研究者の高橋邦太郎《たかはしくにたろう》によれば、「絶対に生活に困らない。しかし贅沢はしない。つつましやかに収入の範囲でくらす人々の謂《いい》である」(『三田文学』昭和34年6月号)とのことである。

■ファイナンシャル・フリーダム

永井荷風の話に進む前に、もう少しだけランティエの話をしておこう。

今の日本にランティエと呼ばれるような人がどれほどいるだろうか。

お金を持っている人はいるかもしれない。親から多額の遺産を相続した人。若くして起業して成功を収め、会社を上場させたり売却したりして第一線を退《しりぞ》いている人。

あるいは外資系の投資銀行やヘッジファンドなどで抜群の成功を収め、多額な退職金を得て引退してしまった人。

こうした、今で言うところの「ファイナンシャル・フリーダムを持つ人」は、稀《まれ》ではあるだろうがたしかにいるだろう。しかし彼らがランティエのように、小説や音楽を愛し「街のカフェで長時間哲学を論じたり……」となると、ちょっと違うような気もしてくる（私の知っているB君は毎日ジムで3時間近く汗を流していると言っていた）。

いずれにせよ荷風が生きた頃にいたランティエや現在の「ファイナンシャル・フリーダムを持つ人」でさえ、一歩間違えれば経済的な「フリーダム」を一瞬のうちに失いかねない。

イギリスに「金は良き召し使い、悪《あ》しき主人（Money is a good servant, but a bad master）」という諺《ことわざ》がある。お金は賢明に使うなら実に良いものだが、自分がお金に使われてしまってはひどいことになる、という意味だろう。

富や財は、英語では good の複数、goods で表現することがある。これが何を意味しているかといえば、一目瞭然、富というのは、もともとは「良いもの」だったということだろう。だから昔から人々は働いて財産を蓄え、それを老後の糧《かて》にしようとしてきたのだ。

経済学者のケインズは1930年に「わが孫たちの経済的可能性」と題するエッセイを発表している。(注64) 短いエッセイだが、今読んでもなかなか面白い。

この中でケインズは、2030年には人々は週に15時間働くだけで生活水準を維持できるようになると書いている。

週に15時間働けば生きていける！

2030年といえばあと16年ほどしかないが、今となっては本当にそういう夢のようなことが実現するとはとても思えない。

働かないでもいられる自由で潤沢な時間を手にすると、人はいったい何をして時間を潰すのか。

芸術か、過食か、居眠りか……もちろん人によってさまざまだろうが、ひと昔前のランティエのように何代にもわたってそういう暮らしをしてきた人以外の慣れない人が、そういう環境に放り出されると、意外とロクなことがないかもしれない。

■驚異的インフレで変わってしまった生活

さて、永井荷風がランティエとして悠々自適の生活を送ることができたのは、いうまでもなく、父親が遺した恒産《こうさん》があったからだ。そのおかげで彼はあくせく原稿を書く必要はなかったし、無理して職に就かねばならぬ苦労もなかった。

大正2年（1913年）に父が死んで、5年後、荷風は東京の旧牛込区、大久保余《よ》丁《ちょう》町にあった邸宅を売り払った（荷風39歳の時）。

荷風が38歳の時に起稿し、79歳で死ぬ前日まで書いた日記『断腸亭日乗』によれば、この売却金額は2万3000円。(注65)以前に勤めていた慶応大学の俸給が月150円だったから、どれほど大金であるか見当がつく。

大学教授の年収のおおよそ13倍。これに加えて、親の代から所持していた銀行預金と株券があり、ときどきの原稿料、印税が入った。一人暮らしの身だったから、よほどの贅沢をしないかぎり、余裕をもって暮らすことができたのだろう。

ほぼ同じ時代、林芙美子《はやしふみこ》が神田の職業紹介所に行って「月給30円位を希望」と言ったら受付の女性に（そんないい職はないと）せせら笑われたと、『放浪記』に書かれている。(注66) 彼女は、女中、カフェの女給、といった具合に職を転々とした。玩具の町工場では、朝の7時から夕方5時まで、日給75銭でセルロイド人形の色塗りの仕事をしたという。(注67)

荷風がいかに恵まれていたかがわかる。

『断腸亭日乗』には、戦前の荷風が実にこまめに株を購入している記録が残っている。いずれも財産として有効な、大きな会社の安定した株である。たとえば、大正14年1月15日には――。「午前兜町片岡といふ仲買の店を訪《と》ひ、主人に面会して東京電燈会社の株百株ほどを買ふ。去年三菱銀行の貯金壱万円を越へたれば利殖のため株を買ふことになしたるなり」(注68)。

荷風はまたランティエ生活を楽しみながら利殖に励んでいた。大正14年6月18日「大同生命保険会社社員来り養老保険金満期になりしとて、金三百円を持参せり」(注69)。昭和9年2月3日「哺時《ほじ》兜町なる片岡商店に至り番頭永田氏に面会し、余が定期預金の全額を株券に替ふべき事を委託す」(注70)（晡時とは日暮れ時のこと）。

そんな荷風も、敗戦によって優雅なランティエ生活から一夜にして放り出されてしまった。

持っていた一部の株券は紙くずになり、驚異的なインフレのために現金の価値が日を追って低下していく中での悲痛な思いは、昭和21年元日の『断腸亭日乗』にこう記されている。

「今日まで余の生計は、会社の配当金にて安全なりしが今年よりは売文にて糊口《ここう》の道を求めねばならぬやうになれるなり」(注71)

突然ランティエの生活が断《た》たれてしまった荷風は、以後、以前にも増してひたすら金に執着し、金にまつわるさまざまな奇行によって新聞紙上を賑《にぎ》わした。

自分の意志によらず、社会のために強制的に「損切り」させられてしまった荷風の悲劇は、おそらくこの時代に多くの日本人が味わった悲劇だったのではないだろうか。

戦後、千葉県市川市で自宅の一部屋を荷風に貸していたフランス文学者の小西茂也《こにししげや》

は『同居人荷風』なる文を雑誌「新潮」に発表し、その中でこう回想している。(注72)
「先生の部屋があまりに乱雑なるゆえお部屋を掃除す。洗顔中なりし先生、慌てて部屋に戻り金を蔵ひありし所へ行きて、掃除中の女房の前にて金勘定を始めたり」

■気弱な人たち

私は高校時代にAFS（アメリカン・フィールド・サービス）という交換留学生のプログラムで、1年間アメリカの高校に留学した。日本の高校生は大学受験というプレッシャーを抱えているが、アメリカの高校ではスポーツや音楽、演劇などのクラブ活動が盛ん。自宅でホームパーティーを開く生徒たちもいたし、卒業生たちが高校にやってくるホームカミングの日には、大きなフットボールの試合が行なわれ、ダンスパーティーが開かれた。フットボールやバスケの選手は女の子の憧《あこが》れの的《まと》で、パーティー好きや社交性の豊かな生徒たちが男女を問わず人気を集めていた。

株式投資で成功している人たちはどんな性格の人たちだろうと思って調べてみると、こういったアメリカの高校での絵に描《か》いたような「人気者像」は浮かんでこない。

少年ウォーレン・バフェットは父親の仕事の関係で故郷のオマハから首都ワシントンに引っ越すことになったが、彼は「新しい環境に変わっても、それになじめる性格ではなかった。彼は原因不明のアレルギーに悩むことや夜眠れないことを誰にも話さなかった。両親は彼の健康を非常に心配した」(注73)。

結局彼は故郷にいる祖父に手紙を書き、両親のもとを離れてオマハに戻り、祖父のもとで暮らすようになった。

フィリップ・フィッシャーは16歳でカリフォルニア大学(バークレイ校)に入学。ひじょうに聡明だったが、年齢が若すぎて身体も小さく、スポーツも得意ではなかった。気弱で、社交性がなく、クラスメートとも打ち解けなかった。

ジョージ・ソロスの片腕として、クォンタム・ファンドで成功を収め、1990年代にはイギリスの長者番付トップを幾度となく飾ったニコラス・ロディティも、実際に会ってみると孤独を好む人間だった(注74)。ロンドン郊外の高級住宅地ハムステッドにある白亜の殿堂は、中に入ってみると、アンティークの家具と東洋の敷物と陶磁器で飾られた静かで広いオフィスだった。そしてそこには年老いた秘書と彼の２人しかいなかった。

「パートナーがいても何の助けにもならない。結局、売るか買うかの判断は真夜中に一人でやらないといけないんだから」と、彼は言っていた。

大会社に入って出世の階段を駆け上がるには、日本でもアメリカでも社交性があって気配りができる人が有利だ。組織を牽引するリーダーシップも求められる。

一方、投資家に求められるものとしてピーター・リンチが挙げたいくつかの形容詞を拾ってみると、忍耐強さ、自主性、謙虚さといったものが出てくる。(注75)

マーケットは誰に対しても公平だ。由緒正しい家柄の出だろうと、複雑な家庭の出身だろうと関係ない。エリート社員だろうとニートだろうと、等しく平等に勝負できる。フィッシャーに言わせれば、「自分自身に対して正直になれるかどうか」がポイントなのである。

本書の「気弱な人」というタイトルは、第１章で紹介した是川銀蔵のウサギとカメの話を読んだ時に思いついた言葉だ。私は少年時代にカメを飼ったことがあるが、カメは臆病で何かあるとすぐに頭を甲羅《こうら》の中に引っ込めてしまう。

是川が書いたウサギとカメの話をもういちど記して、本書の結びとしよう。

「ウサギは自分を過信しすぎて勝負を急ぐあまり途中で没落していく。一方、カメは遅いようでもちゃんとゴールに入っている。つまりウサギのように欲の皮を突っ張らして目をまっ赤にして先のことばかり考えていては、ゴールは途中で跡形もなく消えていく。カメになった心境で、じっくり時間をかけて買うことだ」

【はじめに】

（注1）米フォーブス誌によると、2013年9月時点でのバフェットの個人資産は585億ドル。

【第1章】

（注2）2009年は世界2位。2013年は世界4位。

（注3）アメリカの投資情報会社、スタンダード・アンド・プアーズ社が算出している株価指数。代表的な500銘柄の株価を基に算出される。

（注4）ロジャー・ローウェンスタイン著（ビジネスバンク翻訳）『ビジネスは人なり投資は価値なり――ウォーレン・バフェット』（総合法令出版、1998年）。なお本文ではわかりやすくするため円に直して表示したが、為替の影響は捨象して考えている。

（注5）講座の正式名称は、Course Number 321,（Finance）Investment Management なお最近では正式名称を「Finance 321. Investment Management and Entrepreneurial Finance」と変えている。スタンフォード大学のビジネススクールではポートフォリオ理論を教える講座など、ファイナンスや投資理論の講座がいくつか用意されているが、個別企業の分析に力点を置きながら、株式投資論を基礎から包括的に教える講座は、昔からFinance 321しかない。

（注6）株式市場では1株を数株に分割することが時として行なわれる（その結果、高くなりすぎた株が安く買えるようになる）。たとえば1株を2株に分割すると発行済み株式数が2倍になり1株当

たりの価値は2分の1になる。株式分割実施の前後で株価を連続的にとらえるために、分割実施前の株価を分割後の値に調整して表示することが行なわれる。

（注7）バフェットは、ペトロチャイナの発行済み株式の11％相当を2003年に5億ドルで購入し、4年後の2007年に35億ドルで売り抜けている。

（注8）それぞれの原題は以下の通り。『株式投資と並はずれた利益』は、『Common Stocks and Uncommon Profits』（By Philip A. Fisher;1958）。『保守的な投資家はよく眠る』は、『Conservative Investors Sleep Well』（By Philip A. Fisher;1975）。
なお『Common Stocks and Uncommon Profits』についてはフォレスト出版から次の翻訳本が出版されている。

『フィッシャーの「超」成長株投資—普通株で普通でない利益を得るために』（フォレスト出版、2000年）

（注9）『Common Stocks and Uncommon Profits and Other Writings』（By Philip A. Fisher; 1996, 2003, John Wiley & Sons, Inc.）

（注10）同右3頁

（注11）『Developing an Investment Philosophy（Monograph）』（By Philip A. Fisher; 1980）

（注12）「株式市場は効率的であり、株価は世に知られていることをすべて反映していて、割安な株などというものは存在しない」とする説。この説によれば、株価指数（市場平均）に勝った投資家は単に運が良かっただけだということになる。

（注13）『Common Stocks and Uncommon Profits and Other Writings』（By Philip A. Fisher;1996, 2003,

John Wiley & Sons, Inc.) xxii頁

（注14）是川銀蔵著『自伝　波乱を生きる―相場に賭けた六十年』（講談社、1991年）

（注15）同右132頁

（注16）日本銀行調査統計局『資金循環の日米欧比較』2013年12月19日

【第2章】

（注17）ピーター・リンチはフィデリティ・インベストメンツの著名な株式投資家。マゼラン・ファンドを育て上げたことで有名。「あなたの知っているところに投資しなさい（Invest in what you know）」との言葉を残している。
なお、かつてよりウォール街では、買った後で10倍になる株のことをテンバガー（Ten Bagger）と呼んでいたが、ピーター・リンチが著書『One up on Wall Street』（邦訳名『ピーター・リンチの株で勝つ』）でこの言葉を紹介してから、テンバガーという言葉は全米で知られるようになった。

（注18）株式投資家。1995年、チェース・マンハッタン銀行の株を買い、ケミカル銀行への身売りをうながした。

（注19）米国にはバークシャー・ハサウェイのポートフォリオを定期的にチェックし分析するサイトがいくつか存在する。CNBC社の「Berkshire Hathaway Portfolio Trader」もその一つ（http://www.cnbc.com/id/22130601）。2013年11月14日にバークシャーによってSECに提出された13―Fのファイリングによると、ウェルズ・ファーゴ、コカ・コーラ、アメリカン・エキスプレ

ス、IBMの4社でバークシャーによる上場株投資の6割以上になる。

(注20) 日本の代表的な会社225社の株価を平均化（組入れ銘柄の株価合計を銘柄数で除算）して指数表示したもの。

(注21) 1934年8月15日にケインズが仕事上の仲間であるF・C・スコットに宛てた手紙に記されている文章から引用。ウォーレン・バフェットも1992年2月28日付のバークシャー株主に宛てた手紙でケインズのこの手紙の文章を引用している。

(注22) 1986年3月3日付のバークシャー株主に宛てた手紙（1985 Letter to Shareholders of Berkshire Hathaway）。なお2009年6月24日、CNBCの経済番組「Breaking News」に出演してインタビューを受けた際にもバフェットは同じ言葉を残している（この時は、リーマンショック後、オバマ政権が実施してきた経済活性化のための諸施策が効果を上げるには「一定の期間を要する」との意味合いで使った言葉であった）。

(注23) Jeremy Grantham―リーマンショック前の米国住宅バブルと、その崩壊などを的確に予想していたとして有名になった。

(注24) 2012年2月付のGMOへの投資家に宛てたジェレミー・グランサムの四半期報告書(Quarterly Letter)。

(注25) ダニエル・カーネマン（2002年ノーベル経済学賞）とエイモス・トヴェルスキーによる研究。プロスペクト理論と言われる。第3章134頁参照。

(注26) ジョン・テンプルトン著『16 Rules for Investment Success』1993年、World Monitor

(注27) 日本経済新聞（2013年6月19日）

（注28）本項および次項、そしてその次の項は、バートン・ビッグス著『ヘッジファンドの懲りない人たち』（日経ビジネス人文庫、２０１０年5月）第21章ならびに右記の日経新聞記事によった。なお投資家としてのケインズについてはロバート・スキデルスキーの３部作（John Maynard Keynes: Volume 1: Hopes Betrayed 1883-1920, John Maynard Keynes: Volume 2: The Economist as Savior, 1920-1937, John Maynard Keynes, Volume 3: Fighting for Freedom, 1937-1946）に詳しく紹介されている。

（注29）John M. Keynes, A Tact on Monetary Reform (Macmillan and Co., 1924) Chapter IV. なおケインズがデフレを形容した時の単語の inexpedient は、通常日本の書籍では「不適当」と訳されている。

（注30）John M. Keynes, The General Theory of Employment, Interest, and Money, 1936, Chapter 12, 79頁。

（注31）会社予想の営業利益は１８６０億円だったにもかかわらず、この時の株価で計算される時価総額（株価×発行済み株数）は７３００億円と控え目な水準だった。

（注32）ジョブズのこの演説は後に『死ぬ前にどう生きるか』との題を与えられて語り継がれることになった名演説である。拙著『マネー大激震』（ベストセラーズ、２０１１年）の巻末に抄訳を収めている。

（注33）多くのアメリカの学者が自国のＰＥＲについて論文を発表している。これらによると、およそ２００年の歴史の中で、14倍くらいが平均値ということになっている。

（注34）ＰＥＲ（株価純収益率）は、「株価」÷「１株当たりの純利益」で求められる。

（注35）「Ｙａｈｏｏ！ファイナンス」に載っているＰＥＲは実績値としての「１株当たりの純利益」を使って計算している。一方、日経会社情報のサイトでは、「１株当たりの純利益」の予想値を使っている。株価が高すぎるかどうかの判定には「１株当たりの純利益」の予想値を使ったほうがよい。

（注36）日本経済新聞（２０１３年3月27日付、夕刊）

（注37）野村資本市場クォータリー（2013 Autumn）

（注38）日経ヴェリタス（２０１３年11月3日〜9日号）

（注39）日本経済新聞（２０１３年8月27日）

（注40）「金融自由化以降の投信マーケットの状況と今後の課題」（野村総合研究所、金融ＩＴイノベーション部、金子久、２０１２年4月6日、金融審議会・投信ワーキング・グループでの説明資料）

（注41）「残高はピークの4分の1、グロソブの『ホントのところ』」（張勇祥、日経ビジネス「オンライン」２０１３年8月19日）

（注42）野村資本市場クォータリー（2013 Autumn）

【第3章】

（注43）フィリップ・フィッシャーには3人の息子がいた（『Common Stocks and Uncommon Profits and Other Writings』By Philip A. Fisher;1996, 2003, John Wiley & Sons, Inc. 5頁）。3男の Kenneth は著名な株式投資家になっている。

（注44）『Common Stocks and Uncommon Profits and Other Writings』（By Philip A. Fisher;1996, 2003,

John Wiley & Sons, Inc.）１０６頁で「a great many hundreds per cent over a period of years」と表現している。

（注45）三浦雄一郎著『75歳のエベレスト』、日本経済新聞社、２００８年9月（２００頁）

（注46）『Common Stocks and Uncommon Profits and Other Writings』（By Philip A. Fisher;1996, 2003, John Wiley & Sons, Inc.）１０５頁

（注47）Richard H. Thaler『Advances in Behavioral Finance』Princeton University Press（2005）、Stefano Della Vigna『Psychology and Economics: Evidence from the Field』UC Berkeley and NBER（2008）、ならびにマッテオ・モッテルリーニ著『経済は感情で動く――はじめての行動経済学』紀伊國屋書店（2008）などを参照。

（注48）「ある行動を選択することによって失われる、他の選択肢を選んでいたら得られたであろう利益」のことを「機会費用」という。

（注49）司馬遼太郎著『坂の上の雲（八）』（文春文庫、１９９９年）45頁

（注50）流行語大賞にノミネートされたのは正確には「断捨離」。やましたひでこの著書が発表されてこの言葉が有名になった。この言葉がやましたひでこにより商標登録されたことから、商標登録されていない「断捨利」も一般には多く使われている。

（注51）ジェフリー・ヤングほか著『スティーブ・ジョブズ―偶像復活』（東洋経済新報社、２００５年）３５１頁

（注52）アップルがネクスト（NeXT,Inc. ジョブズが創立）を買収したことでジョブズはアップルに復帰した。アップルがネクストの買収を完了させたのが１９９７年2月7日。15年後の２０１２年２

月7日、株価は453ドル32セントとなった。

(注53) 似たような格言に次のようなものがある。
「利食い腰は強く、引かれ腰は弱く」

「利食い急ぐな、損急げ」

マイケル・プライスは次のような言葉を残している。

「投資家が犯しうる最悪の過ちは早すぎて利食いをしてしまうことと、損切りに時間をかけすぎてしまうことだ(The worst mistake investors make is taking their profit too soon, and their losses too long)」

(注54) ウィリアム・オニールはアメリカの株式投資家。独自の成長株発掘法「CAN SLIM」を提唱し、著書『オニールの成長株発掘法』(パンローリング、2011年)の原書は全米で100万部突破のベストセラーとなった。

(注55)『Common Stocks and Uncommon Profits and Other Writings』(By Philip A. Fisher;1996, 2003, John Wiley & Sons, Inc.) 105頁~113頁

(注56) 株価は分割調整済みの同じ条件で比較している。

(注57) ピーター・リンチ著『ピーター・リンチの株で勝つ』(ダイヤモンド社、2001年) 89~90頁

【第4章】

(注58) ピーター・リンチ著『ピーター・リンチの株で勝つ』(ダイヤモンド社、2001年) 13頁

(注59) Letter to Shareholders of Berkshire Hathaway Inc. 2012年2月25日

（注60）『Common Stocks and Uncommon Profits and Other Writings』（By Philip A. Fisher;1996, 2003, John Wiley & Sons, Inc.）１０４頁
（注61）ピーター・リンチ著『ピーター・リンチの株で勝つ』（ダイヤモンド社、２００１年）13～14頁
（注62）石川淳著『安吾のいる風景　敗荷落日』（講談社文芸文庫、１９９１年）96頁
（注63）内田樹著『街場の現代思想』（NTT出版、２００４年）59頁
（注64）John M Keynes『Economic Possibilities for our Grandchildren』1930（From『Essays in Persuasion』New York, W. W. Norton & Co., 1963）
（注65）永井荷風著『摘録　断腸亭日乗』（岩波文庫、１９８７年）上巻、20頁
（注66）林芙美子著『放浪記』（新潮文庫、１９７９年）27～28頁
（注67）同右　43～44頁
（注68）永井荷風著『摘録　断腸亭日乗』（岩波文庫、１９８７年）上巻、81頁
（注69）同右　上巻　84頁
（注70）同右　上巻　２９５～２９６頁
（注71）同右　下巻　２９３頁
（注72）『新潮』（新潮社、昭和27年12月号）65頁
永井荷風は昭和34年に79歳で他界したが、昭和21年から34年まで13年間を千葉県市川市で過ごした。平成16年に市川市名誉市民となった。市川市中央図書館には永井荷風コレクションが設けられ、右記の雑誌の写しなども閲覧できる。
（注73）ロジャー・ローウェンスタイン著（ビジネスバンク翻訳）『ビジネスは人なり投資は価値なり──

ウォーレン・バフェット』（総合法令出版、1998年）12頁

（注74）拙著『サバイバルとしての金融』（祥伝社新書、2005年、60頁）、ならびに、拙著『65歳定年制の罠』（ベスト新書、2013年、97〜99頁）を参照。

（注75）ピーター・リンチ著『ピーター・リンチの株で勝つ』（ダイヤモンド社、2001年）91頁

写真提供　アマナ・イメージス

P17
©Lee Corkran/Sygma/Corbis/amanaimages

P81
©Hulton-Deutsch Collection/CORBIS/amanaimages

切りとり線

★読者のみなさまにお願い

この本をお読みになって、どんな感想をお持ちでしょうか。祥伝社のホームページから書評をお送りいただけたら、ありがたく存じます。今後の企画の参考にさせていただきます。また、次ページの原稿用紙を切り取り、左記まで郵送していただいても結構です。

お寄せいただいた書評は、ご了解のうえ新聞・雑誌などを通じて紹介させていただくこともあります。採用の場合は、特製図書カードを差しあげます。

なお、ご記入いただいたお名前、ご住所、ご連絡先等は、書評紹介の事前了解、謝礼のお届け以外の目的で利用することはありません。また、それらの情報を6カ月を越えて保管することもありません。

〒101-8701（お手紙は郵便番号だけで届きます）
祥伝社新書編集部
電話03（3265）2310
祥伝社ホームページ　http://www.shodensha.co.jp/bookreview/

★本書の購買動機（新聞名か雑誌名、あるいは○をつけてください）

________新聞の広告を見て	________誌の広告を見て	________新聞の書評を見て	________誌の書評を見て	書店で見かけて	知人のすすめで

★100字書評……気弱な人が成功する株式投資

名前

住所

年齢

職業

岩崎日出俊　いわさき・ひでとし

1953年、東京生まれ。早稲田大学政経学部卒業後、日本興業銀行入行。スタンフォード大学経営大学院で経営学修士取得。J・P・モルガン、メリルリンチ、リーマン・ブラザーズの各投資銀行でのマネージング・ダイレクターを経て、経営コンサルタント会社「インフィニティ」を設立。『サバイバルとしての金融』『金融資産崩壊』（ともに祥伝社新書）『リーマン恐慌』の他、著著多数。日経CNBCテレビでコメンテーターを務める。
http://iwasaki-japan.com/

気弱《きよわ》な人《ひと》が成功《せいこう》する株式投資《かぶしきとうし》

岩崎日出俊《いわさきひでとし》

2014年2月10日　初版第1刷発行

発行者……………竹内和芳
発行所……………祥伝社しょうでんしゃ
〒101-8701　東京都千代田区神田神保町3-3
電話　03(3265)2081(販売部)
電話　03(3265)2310(編集部)
電話　03(3265)3622(業務部)
ホームページ　http://www.shodensha.co.jp/
装丁者……………盛川和洋
印刷所……………萩原印刷
製本所……………ナショナル製本

Printed in Japan　ISBN978-4-396-11353-7　C0233

〈祥伝社新書〉
富士山と世界遺産

112
登ってわかる　富士山の魅力
五合目から山頂まで往復一〇時間。その魅力と登り方をすべて語った一冊！
元『山と渓谷』編集長　**伊藤フミヒロ**

185
「世界遺産」の真実　過剰な期待、大いなる誤解
世界遺産を「世界のお墨付き」と信じて疑わない日本人に知ってほしい！
世界遺産研究家　**佐滝剛弘**

202
世界史の中の　石見《いわみ》銀山
東の果てにある銀山が、世界史上に遺した驚くべき役割を検証する！
作家　**豊田有恒**

239
「富士見」の謎　一番遠くから富士山が見えるのはどこか？
ビルの合間からわずかに覗く富士！　山並みのはるか向こうに霞む富士！
富士山研究家　**田代　博**

291
日本人は、なぜ富士山が好きか
「富士山は日本人の心の山」――その文化が形成されていく過程を描く！
富士山研究会会長　**竹谷靱負**